RÉVOLUTION
MBAPPÉ

JEAN-BAPTISTE
GUÉGAN

CLÉMENT
PERNIA

RÉVOLUTION / MBAPPÉ

Michel LAFON

118, avenue Achille-Peretti – CS 70024
92521 Neuilly-sur-Seine Cedex

www.michel-lafon.com

Pense à tous les coups dont tu rêves
et nous les rendrons possibles.
Jean-Pierre Elkabbach

La réussite, ça se convoque.
Kylian Mbappé

Quand on gagne, on a toujours raison.
Carlos Bilardo

Introduction

Le phénomène

Mbappé est plus fort que les autres.

Champion du monde presque au même âge que le roi Pelé en 1958, il est immédiatement adoubé par le félin brésilien sur les réseaux sociaux. L'analogie est instantanée, évidente. « La Coupe du monde consacre de nouveaux rois », écrit Vincent Duluc : Mbappé en fait partie.

À 25 ans, il a déjà une cascade de records à son actif. Il serait trop long de tous les lister ici. Une statistique vaut toutes les autres. C'est la plus parlante : Kylian Mbappé a joué 100 % des finales des Coupes du monde auxquelles il a participé. Fermez le ban !

Il parvient à allier vitesse, technique et finition. C'est son secret, un triptyque d'une rareté précieuse, même au cœur de la profuse formation française. S'il n'a pas la technique d'un Neymar ou la finition du Ronaldo brésilien, le prodige a su atteindre un niveau très élevé (c'est un euphémisme) dans ces trois domaines. Si l'on écarte un jeu de tête encore perfectible, Kylian Mbappé rassemble aujourd'hui toutes les composantes de l'attaquant complet. Il en est l'alliance parfaite.

Une question se pose pourtant. Comment est-il devenu celui que tout le monde connaît ? Que s'est-il passé entre le 30 juin 2018 – date de sa révélation au monde face à l'Argentine du divin Diego présent en tribune à Kazan – et 2024, où le prodige devenu star est toujours un héros, quelques mois après avoir été mis au ban au terme d'un Euro décevant et d'une saison inégale à Paris ?

Il ne s'est pas seulement écoulé six années de performances sportives hors du commun, mais bien un monde. Ou peut-être deux, voire trois. Kylian Mbappé ne fait pas partie de la pléiade de footballeurs talentueux mais ordinaires. C'est désormais une certitude, son histoire est différente.

On a tous pensé la même chose quand soudain, aux aurores du huitième de finale de la Coupe du monde 2018, il s'est envolé vers le but adverse et par là même vers la gloire. Inarrêtable, Mbappé nous a projetés vers un second sacre français dans un Mondial. Il nous a alors ramenés, en une poignée de secondes, trente-deux ans plus tôt au stade Azteca de Mexico. Dans l'ombre du Pibe de Oro[1] contre l'Angleterre. Dans l'orbite de Diego. Il a marqué un doublé comme lui, avec la manière. Et s'il n'a pas vengé tout un peuple[2], il s'est placé dans le sillage des plus grands. Sa vitesse confine au mystique. Elle fait déjà de lui un être qui flirte davantage avec les dieux qu'avec les hommes. Entre Pelé et Maradona, le joueur a de qui tenir.

1. Surnom donné à Diego Armando Maradona.
2. Face à l'Angleterre lors de la Coupe du monde de 1986, Maradona a marqué deux fois : une fois de la main et une fois en traversant tout le terrain. C'était, pour le joueur, une réponse symbolique à la défaite des Malouines en 1982.

Mais Kylian Mbappé, 25 ans, n'est pas qu'un attaquant surdoué. Il n'est pas seulement un génie du foot. Et c'est là toute la richesse et la complexité du personnage. Une part de mystère l'entoure. Il y a ce que l'on sait. Son parcours. Une enfance en Seine-Saint-Denis, à Bondy, dans une HLM de l'allée des Lilas, au sein d'une famille très soudée. Une éducation stricte et encadrée par une mère ancienne sportive de haut niveau et un père éducateur. Précoce et plus fort que les autres chez les jeunes, Kylian, « Kyks » pour les intimes – comme on surnommait Cruyff « Jopie » –, est très tôt courtisé. Rennes, Paris, Lens, Caen, Bordeaux et même Chelsea s'intéressent à lui. Il préfère intégrer l'Institut national du football (INF) de Clairefontaine en 2011 pour une durée de deux ans, et déjà le Real Madrid le drague. Chaque chose en son temps, sa famille a la tête sur les épaules, elle privilégie Caen pour son prince, les contacts humains ont été satisfaisants et l'attaquant doit y atterrir à l'issue de sa formation à l'INF. Finalement, la situation sportive et économique du Stade Malherbe ne permet pas sa venue et c'est l'AS Monaco qui rafle la mise. Dernière étape avant l'éclosion au haut niveau. La suite, on la connaît.

Voilà pour le tableau. L'histoire officielle. Celle du « projet Mbappé ».

Un quart de siècle plus tard, l'enfant de Bondy, né à Paris, fait figure de modèle, d'idéal. C'est un exemple de réussite et du droit à rêver. Le banlieusard de Seine-Saint-Denis a tout pour lui. Doué et motivé. Éduqué et encadré dans un milieu populaire. Propulsé quelques années plus tard sur le toit du monde… du football. Il est le fils du peuple, le

Français du XXIe siècle. Si Marianne n'existait pas, le buste de Kylian pourrait être installé dans les mairies. Métis, issu d'une famille d'immigrés et profondément attaché à la France, il est l'incarnation d'un pays et d'une époque. Peut-être plus que quiconque.

Cette symbolique, cette modernité, il a décidé d'en faire une arme, ou plutôt un outil, au service de son engagement personnel. Un footballeur engagé et qui sait parler, ça détonne dans l'Hexagone. Au pays des Lumières et du génie littéraire, Kylian est un révolutionnaire. Il n'est pas Zinédine Zidane, l'icône taiseuse, qui avait décidé de faire fi de son aura pour se focaliser seulement sur le jeu et se confiner dans le silence pour le reste. « Lui, c'est lui, et moi, c'est moi », comme dirait l'autre. Si proche par le talent et pourtant si différents.

Empiler les buts, collectionner les titres, marquer les esprits, cela plaît à Kylian. Mais cela ne lui suffit pas. Kyks veut aussi être une figure du débat public. Avec cette volonté d'aller chercher autre chose, une place que ne lui permet pas le simple rectangle vert et que les intellectuels occupent plus volontiers. Et pour cela, il coche les cases. Il affirme ses valeurs.

Précoce, talentueux, il a le caractère bien trempé. Intelligent, éduqué et formé en France, il est encore aujourd'hui dans la ville qui l'a vu naître. Fidèle aussi bien que loyal. Lors du sacre de 1998, combien de champions du monde évoluaient dans l'Hexagone et y sont restés après ? Peu, très peu. Le contexte aujourd'hui est différent. Le Paris Saint-Germain a pris une autre dimension, lui permettant d'attirer les plus grands talents de la planète. Le ballon rond est devenu une affaire de géopolitique, d'argent. Le génie de Bondy le sait plus que tout, il n'échappe pas à la règle. Mais la France, il l'aime, il le clame et le revendique. Son patriotisme est assumé, franc, sincère. À l'américaine.

Plus qu'engagé… Mbappé est un joueur dont la parole échappe aux terrains, c'est un homme politique. Il gouverne à sa manière le monde du football en instituant ses propres règles, il focalise sur lui l'attention des principaux dirigeants, des institutions qui font ce sport, pour ne pas dire des États. Qatar, Cameroun, Algérie, Rwanda… tous essaient de le récupérer, sans parler de la France et de la présidence. Il n'est plus libre depuis longtemps mais il sait qui il est, ce qu'il fait.

Il donne le pouls de la société française plus que n'importe qui d'autre. Qu'il s'agisse de l'affaire Nahel (juin 2023), ou de celle du producteur de musique Michel Zecler (novembre 2020), personne n'a plus d'impact que lui. Il fait même sortir du bois les plus hauts personnages de la nation, à commencer par Emmanuel Macron avec qui il a noué un lien privilégié. Les deux hommes se sentent, se ressemblent, se servent l'un l'autre.

Le 27 juin 2023, le jeune Nahel est tué par balle par un policier à Nanterre. Lorsque l'attaquant du PSG réagit plus tard sur Twitter par ces quelques mots : « J'ai mal à ma France. Une situation inacceptable… », le débat engendré par l'affaire change d'ampleur. La réaction de l'idole des jeunes intéresse autant l'opinion et les rédactions que l'événement lui-même. Kylian Mbappé est un homme de pouvoir. Un leader moral plus qu'un leader de vestiaire. Est-il de gauche ou de droite ? Personne n'y pense. Il supplante les clivages, participe au récit national. Il est l'une des rares personnalités à pouvoir s'adresser à tout un pays, sans équivalent dans le monde de l'art et de la culture. Il est une certaine idée de la France… et de sa place dans le monde. Et pourtant, son mystère reste épais. On ne sait pas qui est Kylian derrière Mbappé.

Son clan et lui s'appuient sur une communication maîtrisée d'une main de fer. Les mots sont employés à bon escient, l'influence se fait à fleurets mouchetés. Entre contrôle et franchise, il symbolise la liberté à laquelle aspire la jeunesse du pays. Kylian sait comment lui parler et surtout quand.

« Plus on est haut dans l'opinion, plus celle-ci interprète favorablement ce que vous dites. Quand on dit la même chose quand on est bas, les gens estiment que ce que vous dites est nul. » A-t-il fait sienne la devise de Jacques Pilhan[3] ? Rien n'est moins sûr. Il juge et jauge, parle moins quand il est moins populaire ou que le moment ne s'y prête pas. Ne pas s'agiter pour ne pas s'enfoncer est un principe. Quand il dégaine, c'est pour rappeler qui il est, comme en juillet 2023 dans *France Football* : « J'ai cette faim de gagner. J'ai l'intime conviction que je suis né pour gagner et je veux le montrer à tout le monde. » Il faut oser. Et pour y parvenir, l'homme sait y faire. Avec intelligence, il mobilise ceux qui le suivent, ils sont des centaines de millions de personnes sur les réseaux sociaux. Et ils sont chaque jour plus nombreux derrière lui lorsqu'il fait la une des plus grands journaux. On parle de lui comme on dissertait auparavant sur Michael Jordan, icône ultime du sport américain. Il est emblématique, différent.

---

3. Conseiller en communication politique des présidents François Mitterrand et Jacques Chirac.

Il serait pourtant erroné de s'arrêter là. Le portrait est trop beau, trop lisse, trop élogieux. Indéniablement, il possède une part d'ombre. La légende qui s'écrit manque d'aspérités, elle souffre d'une absence de densité, de gravité. Comme un déni de vérité ou de sincérité. L'histoire n'est pas terminée et pourtant des limites apparaissent. Ceux qui pensent voir en Mbappé un leader, un patron, un vrai capitaine, se trompent certainement. D'un point de vue technique, il domine peut-être son temps, pour le reste, on en est loin. Son ambition jusqu'au-boutiste, sa quête permanente de records se traduisent par un individualisme forcené, difficilement compatible avec la notion de leadership telle qu'on l'entend dans le sport de haut niveau. Il l'emporte sur l'équipe au lieu de la transcender. Il suscite l'admiration de ses compères, pas l'adhésion totale du vestiaire. Soliste car ambitieux ou ambitieux car soliste, Mbappé n'est pas encore – ou ne sera jamais – l'homme que l'on suit les yeux fermés. Il demeure loin des commandants en chef qu'étaient Cruyff, Maradona, Beckenbauer ou même Messi.

Par ailleurs, aussi fort soit-il, Mbappé peine à imprimer chez les supporters. Statistiques et émotions sont deux allées qui ne se rejoignent pas toujours. Il fascine le grand public en marge des grandes compétitions. Indiscutablement, il fait partie des meilleurs joueurs du monde aux yeux des journalistes, des observateurs et des suiveurs. Mais l'homme ne renvoie pas l'amour qu'on attend de lui, cette dose d'humanité si chère aux fans quand l'enjeu survient. Pourtant, c'est souvent le prix à payer. Il faut vraiment se donner pour être aimé.

L'identification à l'institution qu'il est devenu est difficile tant sa personne et son personnage priment. Il a un côté inaccessible, insondable comme un mannequin sur papier glacé. On le regarde, on l'admire, on le célèbre, mais l'aime-t-on vraiment ? Le révolutionnaire Mbappé nous bluffe, nous bouleverse, mais nous touche-t-il ? « Nous sommes faits d'émotions, nous recherchons tous des émotions, il s'agit simplement de trouver un moyen de les vivre », disait Ayrton Senna, idole adulée et vénérée de tout un peuple. Mbappé ne suscite pas cette foi, cette folie, cet amour insondable.

Mbappé est un Léviathan, là où le supporter de football aime la magie, l'imprévisibilité, l'émotion, voire l'imperfection. Javier Pastore, Edinson Cavani étaient moins forts que lui. Mais beaucoup plus aimés. Platini et Zidane étaient plus artistes. L'opinion tolère plutôt bien les sommes astronomiques gagnées par le millionnaire du peuple qu'il est devenu. Il est apprécié pour sa franchise, qui peut toutefois agacer lorsqu'elle confine à l'arrogance. Mais il n'est pas aimé, revendiqué.

L'énigme Mbappé fait quotidiennement parler. Les rebondissements sportifs et extrasportifs qui le concernent sont courants. Si l'on se contente de l'analyser à l'aune de l'actualité, il est quasi impossible d'être dans l'exactitude à l'instant T. Rien ne nous garantit à l'heure où seront publiées ces pages que le meilleur buteur de l'histoire du PSG (et bientôt de l'équipe de France) ne nous aura pas offert un nouvel épisode digne d'une série Netflix dont il nous gratifie saison après saison.

Tout le monde l'a compris : l'enfant de Bondy rêve en grand. Son palmarès l'est déjà mais il veut plus, toujours plus. À la manière d'un félin jamais rassasié. Il veut tout maîtriser, écrire lui-même l'histoire et la commenter. Les jeux Olympiques, chez lui, à Paris, sont sa prochaine quête. C'est en partie pour eux qu'il est resté dans la capitale à l'été 2022. Sera-t-il le porte-drapeau de la délégation française, une première pour un footballeur dans l'histoire de France, ou bien relayeur de la flamme comme Platoche à Albertville en 1992 lors des Jeux d'hiver ?

« Ce n'est pas assez de faire des pas qui doivent un jour conduire au but, chaque pas doit être lui-même un but en même temps qu'il nous porte en avant », disait Goethe. L'attaquant médite sur ces mots chaque jour. À 25 ans, Kylian Mbappé a d'ores et déjà écrit et défié l'histoire de son sport. Il la repousse encore un peu plus, au fil du temps. Avec en point d'orgue un horizon bien plus large, l'Histoire, qu'il rêve peut-être secrètement de conquérir aussi.

1

Le Léviathan du foot moderne

« La grandeur est un chemin vers quelque chose qu'on ne connaît pas », pour Charles de Gaulle[4]. Cela résume assez bien Kylian Mbappé. Sur les terrains, il soumet le réel à l'accomplissement de son destin. Il concasse toute adversité. Et en dehors, il surprend tout autant. Il est cette force en mouvement, cette volonté que rien ne semble pouvoir arrêter.

Et nous le regardons tous accomplir sa destinée. Sidérés, ébahis. Personne ne sait jusqu'où il peut aller ni comment il fait. L'attaquant des Bleus reste un mystère à percer. Il existe pourtant une première clé.

Le poids des chiffres

Pour comprendre Kylian Mbappé, il y a d'abord un impératif à dépasser : le poids des chiffres. Ils révèlent le personnage autant qu'ils le masquent et le lestent. Avec lui, les nombres s'accumulent et le dissimulent. Il n'y a pas un

4. Propos rapportés par André Malraux, *Les Chênes qu'on abat*, Gallimard, 1971.

jour sans qu'une nouvelle statistique anime les réseaux. Il a même un compte spécifique sur Twitter (X) qui leur est dédié : @StatsKMbappe.

Parler de Kylian Mbappé s'apparente encore trop souvent à une litanie mathématique, à de la pure arithmétique. À chaque record qu'il bat, la démesure l'emporte. Et comme dans un jeu vidéo, on regarde le classement s'afficher sans évaluer ce qu'il signifie vraiment. L'emphase et l'aveuglement prennent le pas. Au détriment du reste. Les chiffres obnubilent, ils voilent la réalité. Ils nous obligent à nous focaliser sur l'instant, là où il faudrait au contraire élargir le cadre. Ses statistiques ne sont qu'un point de détail dans son histoire, l'ombre portée de sa trajectoire.

Mbappé est un footballeur qui compte, on le savait. Il sait ce qu'il fait et mieux que quiconque ce qu'il vaut. Mais les records qu'il pulvérise cachent autre chose : ils le protègent au lieu de révéler ce qu'il est. Plus on en parle, moins on s'approche du phénomène et moins on l'interroge.

S'ils ont le mérite de concrétiser ses buts et une capacité à être décisifs, ils ne disent pas tout de la révolution à l'œuvre. Ils sont l'arbre qui dissimule une forêt de questions. Kylian Mbappé n'est pas un comptable et c'est plus qu'un joueur d'exception. Il est le visage d'un autre football, la figure de proue d'une nouvelle génération. Avec lui, le temps n'a pas de prise et le nombre n'est qu'un moyen, un prétexte à la dissimulation.

À la manière du Léviathan de Hobbes, il doit tout absorber pour instaurer son règne et il ne s'en prive pas. Les chiffres lui importent mais, avec lui, ils ne veulent plus dire la même chose. Ils ont perdu le contact avec la réalité. Ils sont un viatique, la confirmation d'une ambition. Ils ne comptent pas pour eux-mêmes. Pour le joueur, l'histoire et ses sempiternels classements ne sont qu'un objectif pour s'imposer autrement. Ils sont son principal défi. Pas une fin en soi.

Pour quiconque veut approcher Mbappé, il faut regarder ses chiffres, les connaître puis les faire disparaître. C'est le moyen de comprendre la trace qu'il est en train de laisser. À la manière de Magic Johnson ou de LeBron James, les chiffres ne sont que l'indicateur d'une grandeur qui dépasse de loin leur comptabilité.

Kylian Mbappé est de ces comètes qui font perdre aux chiffres la raison. Que ce soit sous les couleurs du Paris Saint-Germain, de Monaco ou en sélection. Avec lui, les records tombent alors même qu'ils semblaient insensés ou trop vieux pour être effleurés. Il faut donc parler de ses records, une bonne fois pour toutes. Ensuite, il faudra les oublier pour mesurer l'ampleur du phénomène, la rupture qu'ils créent.

Du temps d'avant, Kylian Mbappé a déjà fait table rase. Il ne nous attend pas. Pour lui, le passé n'est qu'un horizon à dépasser. Les chiffres de ses performances l'aident à s'en débarrasser. Il gouverne avec. L'attaquant est l'exception qui confirme que le réel est pour les autres. Il écrit son histoire et la nôtre, sans se préoccuper du reste.

Les règles n'existent pas pour lui. C'est lui qui les édicte. Elles ne sont que des traditions à abolir. Ses référentiels sont différents. Il est d'un autre monde que nous découvrons avec lui. Chaque prestation en témoigne. Mbappé repousse les limites des chiffres et des possibles. Pour lui, le meilleur moyen de gagner, c'est de les ignorer pour mieux les pulvériser. « S'arrêter à un chiffre, c'est se donner une limite. Le football m'a appris à ne pas fixer de limite. C'est lui qui dictera son chiffre[5]. »

La force des chiffres

Quand il entre en jeu contre le Luxembourg le samedi 25 mars 2017, il est le plus jeune Bleu à porter le maillot national depuis 1955. Certains l'ont découvert lors du tournoi de Toulon, les autres l'ont entraperçu un soir de Ligue des champions sous le maillot de Monaco. Mais à ce moment-là, il n'est pas encore pleinement lui-même. Il n'est qu'une pépite, une promesse française.

Dans le froid luxembourgeois, on assiste donc à ses premiers pas, curieux et impavides. Ce sont les éliminatoires pour le Mondial 2018 en Russie. L'air est glacial. Le joueur remplace Dimitri Payet et déjà il n'attend pas. Il se fait menaçant dès son premier ballon mais bute sur le gardien. Il ne marque pas, mais ce match reste dans les annales comme le début de son règne. Six ans plus tard, à l'âge de 24 ans, Kylian Mbappé est le plus jeune joueur européen à avoir atteint les quarante buts en sélection depuis le Hongrois Ferenc Puskás, le meilleur joueur de l'après-guerre[6].

Entre-temps, il a ébloui le monde à deux reprises face à l'Argentine de Lionel Messi. La première fois, c'est en huitième de finale de la Coupe du monde 2018. En courant à plus de 37 kilomètres par heure, il dépèce à lui seul l'arrière-garde albicéleste en cette belle journée de juin.

---

5. Interview de Kylian Mbappé pour le site Amazon Prime, 14 janvier 2024. https://youtube/3eQDaIzKMRk?si=A8mbtle0QpP-63-Z
6. Il avait 23 ans en 1950.

Mbappé devient Kylian. Il entre dans le grand monde en ouvrant à la France la porte des quarts de finale. La deuxième fois a lieu quatre ans plus tard. Nous sommes en finale de la Coupe du monde 2022 au Qatar.

L'adversaire n'est ni tout à fait le même ni tout à fait différent. Après être sorti de sa torpeur, la dernière demi-heure de sa finale est un chef-d'œuvre offensif, une leçon magistrale, de celles que seuls les grands joueurs nous réservent. L'issue est pourtant différente. Après l'Euro 2020, Mbappé rencontre à nouveau la défaite. Mais peu importe. Cette fois, il ne marche plus seul.

Ces deux moments uniques déclenchent la même sensation chez ceux qui le regardent. Sous nos yeux, Mbappé est entré dans l'histoire. Il a ouvert lui-même les portes du panthéon du football. À la manière de Napoléon se couronnant lui-même à Notre-Dame, il n'a pas laissé les autres le faire à Lusail. C'est un monarque, un empereur du record qui s'est révélé à lui-même. En un mot, un footballeur absolu.

« Mister pourcentage » ou l'avènement d'un carnassier

Le cumul de ses buts et passes décisives dépasse le nombre de ses matchs joués en professionnel[7]. Une statistique impressionnante. Quelques rares joueurs ont pu l'atteindre en carrière. Lionel Messi et Cristiano Ronaldo, détenteurs à eux deux de treize Ballons d'or, sont de cette caste de seigneurs. Cela dit beaucoup du destin qu'écrit le natif de Bondy.

---

7. Les chiffres sont arrêtés au 1er janvier 2024. Il avait joué alors 405 matchs professionnels pour 304 buts et 117 passes décisives.

Avec lui, la précocité n'empêche pas la performance. Il en est l'exemple parfait. Kyks n'a jamais quitté le top 10 du Ballon d'or depuis ses 18 ans. Depuis ses débuts sous le maillot monégasque, Kylian Mbappé repousse ainsi les limites. Du jeu, de l'histoire et du temps. À l'âge où certains atteignent la maturité sur le terrain ou lorgnent une place de titulaire dans les grands clubs du continent, lui a déjà disputé deux finales de Coupe du monde. Et dans nos sociétés où tout se compte et s'évalue, ses statistiques parlent à sa place. « La réussite, ça se convoque[8]. »

Il a déjà égalé Pelé, l'une de ses idoles, en marquant douze buts en quatorze matchs de Coupe du monde. Il est même parvenu à le devancer. En devenant le premier à marquer quatre buts en finale de Coupe du monde, il écrit sa propre légende et poursuit celle de son sport. Avec le Brésilien Ronaldo, il est d'ailleurs le meilleur buteur de l'histoire à partir des huitièmes de finale. Avec huit buts en huit matchs, il fait même mieux que R9[9]. Miroslav Klose, le recordman des buts en phase finale, peut s'inquiéter. Ses seize buts en quatre phases de Coupe du monde ne survivront probablement pas à la carrière et à la volonté de Kylian Mbappé.

Pour François da Rocha Carneiro, l'historien spécialiste des Bleus, on ne mesure pas réellement l'impact qu'a Kylian sur le jeu : « Il n'a que 19 ans lorsqu'il devient champion du monde. Il est peut-être précoce par l'âge, mais il l'est aussi par l'expérience. » À moins de 25 ans, il a déjà plus de quatre-vingt-huit sélections à son actif avec la meilleure

---

8. Interview de Kylian Mbappé pour le site Amazon Prime, 14 janvier 2024.
9. Surnom donné à Ronaldo. R9 a eu besoin de deux matchs de plus.

sélection nationale du XXIe siècle. « Michel Platini à la fin de sa carrière n'avait cumulé que soixante-douze sélections en onze ans »...

Il en va de même pour ce qui est des responsabilités qu'il endosse. Qu'il s'agisse de tirer un penalty ou de porter le brassard, Kylian Mbappé ne les fuit pas. Il les réclame. Il est ainsi l'un des plus jeunes joueurs à devenir capitaine des Bleus. Là où Michel Platini a porté le brassard des Bleus à cinquante reprises durant toute sa carrière, Kylian l'a déjà porté plus de vingt fois. Être choisi par Didier Deschamps est plus qu'un signal, c'est un adoubement. Entre compétiteurs d'exception, on se reconnaît facilement.

Un phénomène en Bleu

Le Bondynois redéfinit l'exceptionnel depuis qu'il a posé les pieds sur un terrain. Chez les Bleus, il est déjà au sommet. Avant même d'atteindre 25 ans, il est le troisième meilleur buteur de la sélection avec quarante-six buts sur ses soixante-quinze premières sélections[10]. Il fait d'ores et déjà partie des géants français. Il est ainsi l'un des attaquants les plus létaux de notre histoire avec 0,61 but par match[11].

La liste des joueurs d'exception qui ont joué en Bleu est pourtant fournie. En quelques années, il a dépassé Michel Platini, Jean-Pierre Papin, Raymond Kopa ou encore Jean Vincent et Karim Benzema. Ils ne sont que deux à encore le dépasser : Thierry Henry et Olivier Giroud[12]. Il n'est pas

---

10. https://www.chroniquesbleues.fr/Tableau-general-des-buteurs
11. Les chiffres sont arrêtés au 1er janvier 2024.
12. Le premier ne joue plus et le second approche de la fin de sa carrière internationale.

impossible là encore de penser qu'il sera, dans un avenir proche, le meilleur buteur en activité de la sélection. Excusez du peu.

Kylian n'a pas le temps d'attendre.

En dehors du classement des buteurs, les statistiques qu'il domine sont innombrables. S'il est fort à la finition, il est aussi décisif à la passe. Contrairement à l'image qu'il renvoie, le Bondynois est altruiste sur le terrain. Plus qu'un buteur, c'est un attaquant complet. Troisième meilleur passeur des Bleus, Kylian Mbappé est une menace. Sur tous les fronts, l'attaquant est un danger permanent. Que ce soit arrêté, en transition ou en phase de possession, il fait la différence. Il peut forcer la décision. L'Argentine et tant d'autres adversaires s'en souviennent encore. Sa capacité de dissuasion est unique, à l'image de sa détermination. Il a ce côté Marvel que rien n'arrête. Il incarne un nouveau type d'attaquant, un joueur intelligent qui s'inscrit dans la continuité des plus grands talents et apporte une autre définition à la vitesse.

Heureusement, quelques statistiques lui résistent. Il ne sait pas marquer de la tête par exemple. Kylian Mbappé n'est pas non plus le plus jeune Bleu de l'histoire. Warren Zaïre-Emery et Eduardo Camavinga l'ont devancé en découvrant la sélection à 17 ans[13]. Just Fontaine compte plus de triplés que lui en Bleu et son record de treize buts en phase finale paraît difficile à atteindre. Sans parler des Ballons d'or qui le fuient encore.

En dehors de cela, la démonstration semble totale. Il n'a pas d'égal et il est redouté. Pour paraphraser Jean-Paul

13. Kylian Mbappé avait 18 ans lors de sa première sélection.

Sartre dans *Les Mouches* : au football, tout est compliqué par la présence de Kylian dans l'équipe adverse. Ce n'est pas une simple formule, c'est une constatation. Kylian Mbappé est différent. Depuis ses débuts en sélection, il compte plus de 68 % de victoires pour moins de 12 % de défaites. À ce rythme, il va rattraper et dépasser Lilian Thuram au nombre de victoires chez les Bleus[14].

Il est né l'année du premier titre de champion du monde. À sa manière, il est le produit de la Génération 98. Comme un trait d'union, comme une filiation naturelle entre les grands moments des Bleus, Mbappé était prédestiné à les fréquenter. À la manière d'un clin d'œil trop appuyé du destin, il n'y a rien d'étonnant à ce que ce soit lui qui, vingt ans plus tard, soit l'un des grands acteurs de la deuxième Coupe du monde du football français.

Le leader à Paris, un prophète attaquant en son pays

En club, la vie de Kylian est la même qu'en sélection, la litanie de ses statistiques l'accompagne. Elle est faite de superlatifs. Elle déroute autant qu'elle impressionne. À seulement 24 ans, il avait déjà intégré le top 10 des meilleurs buteurs de l'histoire de la Ligue 1, devançant des *goleadors* comme Carlos Bianchi ou Gunnar Andersson. Là encore, son nom est indissociable des records qu'il bat. Avec plus de 320 buts en professionnel et une carrière commencée à 16 ans et 11 mois en Ligue 1, il est la définition même du *fuoriclasse*, le prototype du joueur de classe mondiale, de l'attaquant d'exception.

14. Le nombre de sélections internationales de Lilian Thuram est de 142 pour 93 victoires.

Depuis son arrivée à Paris en août 2017, Kylian Mbappé confirme sa jeune réputation. Il affole les compteurs. Avec plus de 230 buts, ses temps de passage sont de l'ordre du jamais-vu. Il est déjà le meilleur buteur du club et le troisième meilleur passeur. En seulement sept saisons, il a marqué l'histoire du Paris Saint-Germain et de ses supporters. Il est difficile de laisser une telle empreinte en si peu de temps, a fortiori dans un tel club. Pour Luis Enrique, son entraîneur, il n'y a d'ailleurs pas de discussion : « Il fait vraiment partie du cercle fermé des trois ou quatre joueurs d'élite qui peuvent prendre sur eux et gagner un match à eux seuls. » Pour lui, son numéro 7 est un « joueur de classe mondiale. Il est tout simplement le numéro un. »

Il est l'incarnation combinée de la précocité et de la performance. C'est un homme de chiffres, de records. C'est certain. On l'applaudit pour ses titres, pour ses buts… mais ce n'est pas cela qui compte, l'attaquant du PSG est un *impact player* avec la capacité de renverser certaines des situations les plus désespérées. S'il n'a pas encore offert de Ligue des champions à son club, le joueur est celui en lequel on croit lorsqu'il semble n'y avoir plus aucun espoir.

C'est aussi pour cela qu'il est le joueur français le plus emblématique de notre époque. Il est déjà, avec 54 buts en 2022-2023, le joueur français à avoir marqué le plus de fois sur une saison complète devant Just Fontaine en 1957-1958. Et cela va plus loin. Ce qui compte, ce n'est pas ce qu'il a accompli, c'est ce qu'il lui reste à réaliser.

Gary Lineker ne s'y trompe pas : « Mbappé est un joueur incroyable. Il a tout pour devenir l'un des meilleurs joueurs de l'histoire. » Pour Luis Enrique, les choses sont plus claires encore : « Il est sans l'ombre d'un doute, le meilleur joueur du monde[15]. »

15. Interview de Luis Enrique pour le site de l'UEFA, 30 septembre 2023. https://fr.uefa.com/uefachampionsleague/news/0285-1918a55dd172-916f303e59ab-1000--exclu-luis-enrique-nous-sommes-l-un-des-favoris-en-champi/

2

Une valeur sûre

Kylian Mbappé a une qualité. Il fait taire les imbéciles. Il fracasse les stéréotypes sur les footballeurs avec autant de facilité qu'il brise l'échine des défenseurs. Au siècle dernier, on disait qu'il valait mieux avoir tort avec Sartre que raison avec Aron. Kylian a choisi. Il préfère la réalité aux mensonges ou à l'idéologie. Sa trajectoire est ainsi le parfait démenti aux déclarations d'Alain Finkielkraut qui présentait encore récemment les footballeurs qui se peopolisent comme de « nouveaux riches puants ». Eh oui, Kyks est différent et sa valeur n'a pas attendu le nombre des années pour se manifester.

L'anti-Neymar

Car l'attaquant du PSG ne fait pas que marquer. Hors des terrains, il traduit ses performances en image et en valeur. Et cette dernière vaut plus aujourd'hui que ses buts. Vincent Chaudel, spécialiste du sport business, l'atteste : « En termes d'image, Kylian Mbappé a parfaitement géré sa carrière jusqu'à maintenant, d'un point de vue marketing et business. Ce n'est pas un homme-sandwich, il a un côté premium. Il a créé de la rareté, de l'attente. On connaît l'adage : "Ce qui est rare est cher." Avec Kylian, tous les ingrédients sont réunis dans ce feuilleton pour en faire une parfaite série Netflix[16]. » Avec lui, rien n'est laissé au hasard. Tout est maîtrisé. C'est l'anti-Neymar. Un analyste financier souhaitant rester discret nous l'a confié : « Mbappé est une valeur refuge et l'assurance des plus grandes retombées. Il transcende le football. C'est un investissement sûr, une icône qui garantit un rendement exceptionnel et l'absence de mauvaise publicité. »

Il est donc normal que les marques s'en emparent. Dior en a fait l'ambassadeur mondial de sa griffe Homme. Et c'est sans surprise qu'il porte le parfum Sauvage, un classique de la mode masculine. Le voir rejoindre l'horloger Hublot[17] à seulement 19 ans n'est pas non plus surprenant. Il est même le premier joueur en activité à collaborer avec la marque. Aux côtés d'autres sportifs comme Usain Bolt, Novak Djokovic ou Corinne Suter, la championne olympique de descente, et Pelé ! Tous ont transcendé le cadre étroit de leur sport. Ils parlent au-delà de leur activité. Comme le dit l'horloger, ils sont porteurs d'un « message unique et puissant ». Ils fusionnent le temps, le pouvoir des rêves et de la passion avec la magie du sport et des valeurs qu'ils inspirent.

---

16. https://www.lefigaro.fr/sports/football/ligue-1/vincent-chaudel-mbappe-a-plus-a-perdre-que-le-psg-sur-le-plan-de-l-image-20230730
17. https://www.lvmh.fr/actualites-documents/actualites/kylian-mbappe-devient-nouvel-ambassadeur-de-maison-hublot/

La communication *corporate* rejoint ici la réalité de ce qu'est désormais Kylian Mbappé. Il est devenu le représentant d'une certaine vision du luxe à la française. Un pendant de Roger Federer. Et l'on comprend mieux pourquoi LVMH en a fait son égérie. Jean-Philippe Danglade, spécialiste français du marketing des célébrités et professeur à KEDGE Business School, va dans ce sens : « Kylian Mbappé est une icône mondiale. Il a une image positive, moderne et universelle. Elle attire les annonceurs »... comme aucun autre Français auparavant.

Sorare est allé plus loin. Plus qu'un ambassadeur, Kylian Mbappé est devenu un partenaire et un actionnaire de la structure spécialisée dans les NFT[18]. Pour les acteurs de la licorne française, l'apport du joueur du PSG est clair. « Son rôle sera d'aider la société à développer sa marque, à nouer des relations privilégiées avec d'autres sportifs de renom, à développer des expériences uniques pour connecter davantage les athlètes avec des passionnés de sport[19]. » On est décidément loin du terrain. Et le P.-D.G. de Sorare, Nicolas Julia, ne s'en cache pas. Le joueur est là pour aider au développement de l'entreprise, à la visibilité de ses produits, parce qu'il est capable de « connecter des millions de fans de sport dans le monde entier ». Pour Virgile Caillet, le délégué général de

18. Un NFT est un objet informatique unique, rattaché à un identifiant numérique. Il est authentifié et archivé grâce à un protocole de chaîne de blocs (blockchains), ce qui lui donne une valeur particulière, impossible à falsifier.

19. https://www.lefigaro.fr/secteur/high-tech/kylian-mbappe-investit-dans-sorare-et-ses-nft-20220629

l'Union Sport & Cycle, il n'y a pas d'équivalent. « C'est le joueur le plus *bankable* du monde. Il a un potentiel marketing énorme, car il séduit tous les publics. » Il y a lui et les autres.

Le fait que la NBA, la ligue sportive la plus innovante du monde, fasse affaire avec lui l'atteste. Sa société de production aux États-Unis, Zebra Valley[20], est devenue un partenaire de la ligue américaine. Kylian Mbappé est précieux parce qu'il est exceptionnel sur les terrains mais aussi parce qu'il est suivi.

Suivre et être suivi

À lui seul, il pourrait remplir l'ensemble des stades de football d'Europe. À la fin de l'année 2023, si l'on additionne tous ceux qui le suivent, il cumule 110 millions de followers sur Instagram, 17 millions sur Facebook et plus de 13 millions sur X, anciennement Twitter. Si l'on ajoute les 400 000 followers qu'il a sur TikTok, le rayonnement de Kylian Mbappé a depuis longtemps franchi les tribunes de la capitale, et même du pays.

Pour les spécialistes des réseaux sociaux, il n'a pas d'égal en France : « Kylian Mbappé n'est pas simplement suivi, il est respecté et vénéré. Il incarne le rêve de millions de fans à travers le monde. » Il est le (sportif) français le plus influent sur les réseaux sociaux[21].

20. https://rmcsport.bfmtv.com/football/ligue-1/psg-mbappe-a-signe-un-partenariat-avec-la-nba-via-sa-societe-de-production_AV-202206240264.html

21. Nous retirons Karim Benzema de ce classement car il a désactivé son compte Instagram au 1er janvier 2024.

Une fois encore, il repousse les frontières du possible. Il est le quatrième footballeur mondial le plus suivi sur les réseaux. Il figure derrière Cristiano Ronaldo et deux de ses anciens coéquipiers, Neymar et Messi. Son nombre de suiveurs sur les réseaux en fait simplement l'une des personnalités les plus connues au monde. Il est devenu une icône globale. Son audience est comparable à celle d'une Taylor Swift, d'une Rihanna ou d'un Justin Bieber.

Or une telle attractivité se monnaye dans « l'économie de l'attention » actuelle. Et c'est là l'autre force de Kylian Mbappé. C'est un homme de réseaux autant qu'un attaquant redoutable sur le terrain… des finances. Et une nouvelle fois, il sait ce qu'il vaut.

Le juste prix, une question de valeur

L'économie est un bon moyen pour comprendre aujourd'hui la valeur réelle de Kylian Mbappé et ce qu'il représente. C'est même le plus efficace des raccourcis.

Sur le marché des transferts, ses performances lui permettent déjà de se distinguer. Depuis le début de sa carrière, le joueur a une cote certaine et cela se paie. À l'été 2017, lorsqu'il quitte Monaco pour le Paris Saint-Germain, le club parisien débourse une indemnité de transfert de 180 millions d'euros[22] pour s'attacher les services de la jeune promesse française. Un record. Seul Neymar a fait mieux. À ce jour, Kylian Mbappé est

22. Le transfert se décompose en 145 millions d'indemnités et 35 millions de bonus, acquittés depuis. Pour des raisons liées au respect du fair play financier, le transfert n'a pas été effectif en 2017 mais en 2018 après une période de prêt.

toujours le premier Français et le deuxième footballeur le plus cher de l'histoire.

Aujourd'hui, sa valeur marchande est estimée à plus de 180 millions d'euros. Selon Transfermarkt, il est le joueur le plus cher du monde à égalité avec Erling Haaland, l'attaquant de Manchester City, son principal concurrent pour le Ballon d'or[23], et Jude Bellingham. Dans le classement du Centre international d'étude d'économie du sport (CIES) de Neuchâtel, Kylian se situe plus loin. En raison du peu d'années de contrat qui lui reste au PSG, il figure au sixième rang mondial avec une valorisation de 150 millions d'euros.

Chacune de ses performances sur le terrain constitue un accélérateur de valeur et un vecteur de médiatisation. À chaque exploit, le cercle vertueux s'enclenche. Son exposition augmente et sa valorisation s'accroît à la mesure de ses performances. Pour lui… comme pour ses partenaires !

Cet enchaînement explique sa valeur en matière de transfert mais aussi l'importance de ses salaires et des tarifs pratiqués auprès de ses sponsors. Selon le classement Forbes, en 2023, Kylian Mbappé est le troisième sportif le mieux rémunéré au monde devant LeBron James et derrière les inévitables Cristiano Ronaldo et Lionel Messi[24]. Avec un salaire de 100 millions et 20 millions de revenus extrasportifs estimés, l'attaquant parisien est le salarié français le mieux rémunéré de l'histoire. Et le premier de

23. https://www.transfermarkt.fr/spieler-statistik/wertvollstespieler/marktwertetop

24. https://www.forbes.fr/classements/classement-2023-des-sportifs-les-mieux-payes-au-monde/

tous les sportifs. Teddy Riner, pour une fois, ne fait pas le poids, pas plus qu'Antoine Dupont, relégué à distance sur l'échelle des salaires. À l'exception des joueurs français de NBA que sont Rudy Gobert et Victor Wembanyama, personne ne peut imaginer concurrencer Kylian Mbappé sur le plan financier. Pierre Rondeau a une formule assez directe pour en parler. Pour le spécialiste en économie du sport, « c'est une machine à cash. Il génère des revenus colossaux pour son club, pour la Ligue 1[25] »… et pour lui-même.

Un buteur, ça a un prix, une icône mondiale, ça n'a pas de valeur (ou presque) sur le marché de l'attention et des footballeurs. Mbappé en est la parfaite démonstration. Il s'est permis de refuser l'offre folle venue d'Al-Hilal, le plus grand club saoudien niché au cœur de Riyad à l'été 2023. Le club de Saudi Pro League proposait un transfert de 300 millions au PSG et un salaire de plus de 700 millions pour une seule saison. Le joueur n'a même pas examiné la proposition. Car il sait ce qu'il vaut et ce qu'il avait à y perdre. Partir au pays des Saoud reviendrait à altérer son image premium et donc à faire baisser sa valeur potentielle. Sur les terrains et en dehors. Lorsqu'on a le luxe du choix, s'envoler pour un pays autoritaire où les stades sont vides et le sportwashing est un objectif prioritaire n'apparaît pas comme la meilleure des solutions.

En effet, pour s'offrir ses services, les performances sur le terrain ne sont pas les seules à prendre en compte. Tout le reste importe, et ce reste vaut beaucoup. Tout est question de valeurs et lié à l'image patiemment construite que l'on

25. https://www.lefigaro.fr/sports/football/mbappe-de-nouveau-le-footballeur-le-plus-cher-du-monde-20220606

renvoie. Et pour cela, il faut payer cher. Un post Instagram de Cristiano Ronaldo, le premier footballeur du monde en nombre de followers, lui rapporte 3,5 millions d'euros. Quant à Kylian, selon une étude du cabinet Nielsen, un post Instagram de sa part valait au moins 1,1 million d'euros[26] en 2022. Les chiffres laissent songeur. Ils disent surtout beaucoup de ce que sont devenus les footballeurs de très haut niveau et de l'élite dans laquelle le Français est entré.

Plus les sportifs attirent la lumière, plus ils captent la valeur et accroissent la leur. La « théorie des superstars[27] » n'a pas fini de se confirmer. La valorisation des très grands joueurs est proportionnelle à la combinaison de leurs performances sportives exceptionnelles et de leur exposition médiatique. Comme Roger Federer ou Tiger Woods, Kylian Mbappé est à part.

Il sait ce qu'il veut, il est bien entouré et le démontre à chaque nouvelle négociation. Demandez à la Fédération française ce qu'elle en pense. Elle a dû, sous sa pression, remettre en cause les droits collectifs à l'image des joueurs de la sélection au point qu'une nouvelle convention a été signée le 11 septembre 2023[28]. Nasser al-Khelaïfi aurait aussi beaucoup à raconter sur celui qu'il estime être « le meilleur joueur du monde ». Lors des discussions autour de la prolongation de son contrat à l'été 2023, la relation entre le joueur et le club s'est considérablement tendue.

26. https://www.lessentiel.lu/fr/story/la-valeur-dun-post-de-cristiano-ronaldo-3-5-millions-d-euros-176879557067

27. https://www.cairn.info/revue-d-economie-politique-2008-3-page-375.htm

28. https://www.lemonde.fr/sport/article/2023/09/11/droits-a-l-image-des-bleus-accord-entre-la-federation-francaise-de-football-et-l-equipe-de-france_6188933_3242.html

Pudique, le président qatarien du PSG n'en a pas dit beaucoup. Il a simplement déclaré : « Les problèmes que nous avons eus restent dans la famille et Kylian fait partie de cette famille. » Avant de préciser avec une infinie précaution qu'il était fier de ce que faisait Kylian Mbappé, l'homme fort du PSG n'en a pas moins traduit un avis général : le joueur est dur en affaires.

Pour le Bondynois, la question de sa valeur n'est pas une question d'argent. En revanche, elle est indissociable de trois éléments : sa capacité à performer, sa volonté et ses valeurs.

Le risque est ailleurs

C'est justement là que se trouve le problème de Kylian Mbappé. Ses performances sont un actif, sa valeur est factuelle. Elle s'indexe sur les records qu'il établit. Tout le monde s'accorde à reconnaître sa maîtrise et sa capacité à faire fructifier son capital footballistique par ailleurs. Pourtant, l'homme reste la principale des menaces pour le joueur. Ses désirs, ses actes et ses engagements se font plus visibles à mesure qu'il prend de l'âge. C'est une évidence. Pour paraphraser Anatole France, si l'on a trop aimé la jeunesse de Kylian pour ne pas lui pardonner quelque âpreté, il lui faut aujourd'hui évoluer et, dans le futur, savoir se réinventer.

Zlatan Ibrahimović ou Cristiano Ronaldo lui ont montré la voie en changeant leur style, tout en se gardant des influences extérieures. Ils se sont reconstruits en préservant leur valeur. À mesure que leurs performances déclinaient sur le terrain, leur leadership s'est affirmé différemment. David Beckham l'a fait avant eux. Il a connu le cheminement du prodige et les affres du succès. Il a bravé la vindicte populaire et dû répondre de ses défaites. Prototype de la mégastar, le Mancunien a su se raconter. Il a réussi à résister à l'attention du monde entier et il en a souffert. Il est pourtant parvenu à se renouveler et à s'inventer plusieurs vies jusqu'à s'ouvrir à tous, au travers d'une série Netflix qui raconte autrement l'itinéraire du plus grand talent anglais des trente dernières années.

Kylian Mbappé est face au même dilemme. Il va devoir se préparer à changer. Car une fois au sommet, les responsabilités sont différentes, l'exposition rend solitaire et ce n'est pas dans le tempérament du jeune homme de se laisser influencer ou d'accepter qu'on lui dise quoi faire. Le storytelling n'est pas éternel et tout le monde n'est pas aussi lisse que le Suisse Roger Federer. Question de personnalité, de caractère.

Comme le souligne Vincent Chaudel[29], son risque, c'est d'écorner son image de gendre idéal. Évidemment Mbappé mettra tout le monde d'accord avec ses performances sur le terrain, là où il est le plus fort et indiscutable. À Paris ou ailleurs. Dans le football, on est tous des poissons rouges, avec une mémoire qui fait parfois défaut. Mais ce qui compte se joue ailleurs.

Le terrain reste le juge de paix du footballeur, mais le tribunal est en dehors. Ses actes, ses paroles, la mise en scène qu'il propose de lui-même vont influencer les perceptions que l'on a de lui, l'image qu'il va donner. Dans *Les Perses*,

29. https://www.lefigaro.fr/sports/football/ligue-1/vincent-chaudel-mbappe-a-plus-a-perdre-que-le-psg-sur-le-plan-de-l-image-20230730

Eschyle l'écrivait autrement : « La démesure, en mûrissant, produit l'épi de l'erreur et la moisson qu'on en lève n'est faite que de larmes. » Kylian est prévenu.

Il est aujourd'hui le maître d'un jeu dont il réécrit constamment les règles. Pour l'instant, la réussite est sa compagne au-delà des défaites. Son récit n'a pas encore les aspérités ou les errements que l'on trouve chez d'autres compétiteurs. Il n'est pas un joueur brésilien fantasque comme l'ont été Ronaldinho, Adriano ou même Neymar. Il ne fait pas la fête comme Paul Gascoigne ou George Best. Il n'a pas non plus le côté *bad boy* d'un Ja Morant[30] ou d'un Carlos Tévez. Il est différent. Dans notre société, c'est rare et c'est ce qui fait sa valeur.

Son plus grand mérite sera de la préserver. C'est à lui de nous montrer qu'il est toujours capable de prendre de la hauteur.

30. Ja Morant est un basketteur américain qui s'est distingué par son talent mais aussi par deux suspensions imposées par la NBA. Il s'était affiché avec des armes à feu dans une vidéo, contrevenant aux engagements de son contrat et à l'image de la ligue.

3

Celui dont on parle

À l'été 2023, nous avons rendez-vous dans le XVIIe arrondissement de Paris avec un homme qui occupe une place spéciale dans l'histoire du PSG.

Avant d'être un jour peut-être remplacé par Kylian Mbappé, Luis Fernandez est l'incarnation du club de la capitale. Son plus beau symbole. Le plus important, du moins. Il a connu toutes les époques de l'histoire du club, les premiers trophées sous l'ère Borelli en tant que joueur, il a endossé le costume de coach dans les années 1990 et 2000, avec en point d'orgue la seule Coupe d'Europe de l'histoire du PSG, en 1996. Enfin, il a été l'éphémère directeur sportif du centre de formation en 2017-2018 sous l'ère qatarienne. Le champion d'Europe 1984 avec les Bleus de Platini, Giresse et compagnie est le chouchou du Parc. À Paris, on aime Luis d'un amour tendre et irraisonné. Il est un enfant de la maison et il nous le rend bien. « Je suis attaché au PSG, moi. Quand on m'enlève le PSG d'ici (il montre son cœur), ça me coupe en deux. »

Luis est donc bien placé pour parler de Kylian. Des jeunes joueurs, il en a lancé, coaché, il en a vu grandir.

D'aucuns se souviennent du passage houleux sous ses ordres de Ronaldinho qu'il a aidé à mûrir dans la vie et dans son football. Mais quand on lui parle de joueurs aussi forts que Mbappé à son âge, Luis se tait. Il n'a jamais eu affaire à un tel talent sous le maillot du PSG.

Consultant fréquemment consulté à son sujet, l'Andalou de naissance est une référence de l'autre côté des Pyrénées depuis son passage sur le banc de l'Athletic Bilbao, au terme du siècle dernier (1996-2000). En ce mois d'août une nouvelle fois marqué par les traditionnelles agitations estivales[31] autour du néocapitaine des Bleus, les Espagnols sont sur le qui-vive. « En Espagne, ils m'appellent assez souvent pour parler de lui. Ils l'attendent avec impatience au Real Madrid. Ils l'apprécient, il a marqué les esprits une paire de fois. Ils savent que c'est un joueur de prouesses. Ils espèrent… »

Ainsi va Kylian Mbappé. Il suscite l'espérance, il inspire. Il fait l'actualité. Encore et toujours. « Plus ça va, et plus il y en a » pourrait être sa devise. À défaut d'être officielle et revendiquée, c'est celle qui le caractérise le mieux. En la matière, il combine tous les ingrédients d'une personnalité qui fait parler de lui à outrance. Ses performances XXL bluffent et fascinent, on l'a vu. Elles font de lui un homme courtisé par le plus grand club du monde. Entre la Maison Blanche du Real et l'attaquant tricolore, l'histoire n'est qu'un long feuilleton. À la manière d'un soap opera, les rebondissements sont permanents, mais les tentatives de drague n'ont pour l'heure pas abouti. Aucun accord ni aucun

31. Cf. chapitre 13 : « Les limites du phénomène ».

baiser à l'horizon[32]. Pourtant, on ne compte plus les unes que lui consacrent les quotidiens madrilènes *Marca* et *As*.

La dimension purement sportive est chez lui associée à un personnage qui dépasse le commun des mortels du monde du ballon rond. Ses prises de paroles franches, audacieuses, pleines de maturité – le tout pour un gamin de moins de 25 ans – interpellent.

Tout ceci sous les couleurs du Paris Saint-Germain, club ultramédiatisé, exposé, où l'actualité est permanente, le buzz, légion. Avec un tel mélange, vous avez le cocktail parfait d'un joueur extraordinaire, au sens littéral du terme. « Un talent hors du commun, précoce comme aucun autre, champion du monde puis finaliste, et qui joue dans un club qui défraie la chronique du matin au soir », analyse Gaspard Gantzer, ancien conseiller en communication de François Hollande.

Kylian Mbappé est chez lui dans le foyer des Français comme l'est le président de la République. À table, le dimanche, on parle des mesures prises par le chef de l'État comme des dernières déclarations ou exploits du jeune prodige. Et comme l'élu suprême, pour le meilleur et pour le pire… tant qu'on parle de lui. Il est une donnée importante de l'équation politico-médiatique. On le prend en compte, le manie, le gère comme aucun autre, car il ne ressemble à aucun autre. Les journalistes l'ont vite appris, parfois à leurs dépens. Le 13 juin dernier, alors que le journaliste du *Parisien*, Dominique Séverac, annonçait dans un article la volonté du joueur de rejoindre le Real Madrid l'été suivant, le champion du monde saisissait son iPhone – il

32. Au 20 janvier 2024, Kylian est un joueur libre et n'a pas encore précisé quelle sera la suite de sa carrière.

tweete en personne – pour démentir cette information en la qualifiant de grand « MENSONGES. En même temps plus c'est gros plus ça passe ». 20 000 réponses, 60 000 partages, 215 000 likes. L'effet est garanti. Le joueur n'hésite pas à reprendre publiquement une information qu'il estime inexacte. Il entretient la chronique. Philippe Sanfourche, qui suit le PSG pour RTL, et qui comme Séverac connaît bien « l'environnement Mbappé », avait lui aussi eu affaire au même cas de figure quelques années plus tôt. Annonçant le retard de l'attaquant à une mise au vert avant un match de Ligue des champions, ce dernier avait réfuté cette « fausse information[33] ». L'opinion tranchera, mais déjà le buzz est fait. « On a tous connu un peu la même chose. C'est le footeux 3.0. Tu sens qu'il est une marque à lui seul. Et il n'appartiendra jamais à personne », nous confie le journaliste.

Ces mini-querelles n'altèrent en rien les relations entre le clan Mbappé et les journalistes concernés. Ces derniers ne sont pas boycottés. Tout au plus, quelque temps boudés. La star est joueuse et aime le défi. Elle fait parler d'elle, ces démentis font forcément réagir, parfois sourire. On aime ou pas, l'opération est réussie. La réponse sur le terrain clôt le bal.

Le monde de la culture s'est également saisi du cas Mbappé. Le grand joueur est un inspirateur… jusqu'aux portes de l'Orient où, au lendemain du Mondial 2018, le rappeur bulgare Fyre dévoile son dernier morceau : « Kylian Mbappé ». Une ode au champion du monde. 15 millions

---

33. Le soir de la divulgation, dans l'émission « L'Équipe du soir », Philippe Sanfourche concède s'être trompé de match mais maintient son information.

de vues depuis. Il est l'idole du chanteur Renaud, qui prévoit de le citer dans une prochaine chanson. Plus près de chez lui, une gigantesque fresque orne un immeuble bondynois où l'on voit le jeune Kylian, enfant, supplanté par le numéro 10 des Bleus. Comme un écho au « mur de Zidane », place Paul-Ricard à Marseille.

Il domine l'autoroute A3, direction Paris. Comme un résumé de son histoire. Les deux légendes ont naturellement leur statue de cire au musée Grévin. Le Parisien y a fait son entrée à seulement 19 ans. Musique, peinture, statue, et même littérature, Kylian est comme Diego, Johan ou Zinédine au sommet de leur art. Il a sa place sur les murs de la ville, son importance dans les imaginaires. Même s'il n'égalera jamais Maradona, à qui la ville de Naples est entièrement vouée : ses fresques, ses boutiques, son stade, et même son mode de vie. Il y a peu de chances que cela arrive à Kylian à Paris.

À chaque époque, son personnage, sa récupération et son emprise. Pour Cruyff, dont les initiales identiques à celles de Jésus-Christ le propulsaient déjà parmi les mythes, l'analogie avec Lennon et McCartney faisait le bonheur des magazines. La jeunesse, le sourire, l'insouciance. Johan était le cinquième Beatles ! Quand il n'était pas comparé au jeune David Bowie pour sa maigreur significative, son œil perçant, son impatience et son côté visionnaire[34]… Cruyff était comme les plus grands de son temps quand Mbappé brille par son unicité.

En France, il ne peut être comparé à personne et personne ne peut être comparé à lui. Hormis lui, quelles

34. Chérif Ghemmour, *Johan Cruyff : Génie pop et despote*, Hugo Sport, 2015.

sont les autres figures culturelles issues du football ? Comme Diego et Johan, il fait les unes des journaux, des magazines à travers l'Europe. Il détonne ! Ses posters s'ancrent sur les murs des enfants, parce qu'il est à la fois l'art, la culture et le sport de la France des années 2020. La planète entière connaît son nom. Il ressuscite Pelé et efface, jusqu'à les écraser, Messi et Ronaldo.

Quand nous arrivons au siège du *Parisien*, le journaliste Yves Jaeglé est surpris qu'on le consulte sur ce sujet. Lui, ce passionné de cinéma, peintures et couchers de soleil. Lui, cet amoureux du PSG. Des artistes en tout genre, il en voit et il sait en parler. « Kylian a une dimension artistique, je suis capable d'allumer ma télé juste parce que Mbappé va jouer. Je me souviens d'un soir où j'étais déprimé et où il a eu un geste… Et je me suis dit, p…, merci. Il a vraiment une grâce incomparable », témoigne le journaliste culture du quotidien. Avant d'oser : « Il a un côté un peu jazzman des années 1950, tu as l'impression qu'il joue une partition, à l'instar du bebop où ils improvisaient énormément. » Un musicien, avec une cape ? « Il a avec les Bleus un côté superhéros qui le fait entrer selon moi dans le monde culturel. Il me fait penser à Mohamed Ali, l'une de mes idoles absolues. Ce que j'adore chez Ali, c'est que parfois il souriait pendant ses combats. Mbappé, c'est pareil. Quand il se marre après le penalty manqué de Kane à la Coupe du monde[35], il y a eu une mauvaise interprétation. Quand on regarde les images, on voit très bien qu'il ne se moque pas de Kane. Il a ce côté enfantin et duelliste qui fait qu'il est capable de sourire comme un gosse au sommet de la

35. Quart de finale, France-Angleterre (2-1).

tension. Ils sont très rares dans le sport à faire ça. » Mbappé qui vole comme un papillon, pique comme une abeille, avant de cogner. C'est l'image que l'on retiendra.

L'attaquant imprègne aussi la société de son empreinte, il l'inspire. L'avènement de Mbappé est une aubaine pour Kylian. En perdition depuis 2007, le prénom est redevenu à la mode en 2018, intégrant le top 100 des prénoms les plus attribués, selon l'INSEE. Il se classe même cette année-là devant Thomas ! Un effet de mode qui fait aussi son entrée à l'Éducation nationale… et à l'Académie française. En effet, pourquoi ne pas se servir de la popularité du joueur afin d'aider les enfants à assimiler l'orthographe ? Une enseignante du Val-d'Oise a ainsi établi la « règle Mbappé » : J'écris M au lieu de N devant M, B, P (Mbappé). Cela vaut aussi pour « champion », soit dit en passant. « Mais où est donc Ornicar ? » et les conjonctions de coordination n'ont qu'à bien se tenir.

La pépite inspire la jeunesse. Et pas qu'à l'école. On l'a dit, il est le marqueur des années 2020, comme avant lui Léo et Cristiano pour les années 2010, Diego pour les années 1980 et Johan pour les années 1970. Son individualisme contemporain, son assurance et sa confiance en lui parlent aux jeunes de son époque. Il leur plaît, les séduit, répond à leurs aspirations. Il comble un vide, aussi, s'accordent à dire les spécialistes. « On est dans une phase de manque de leadership dans le monde politique et de l'entreprise. Il n'y a plus vraiment de leader politique, culturel et économique, donc les nouveaux leaders sont des personnes issues du monde sportif et de l'*entertainment*. Mbappé remplit parfaitement ce deal, c'est notre star à nous en l'absence d'icône politique et intellectuelle de notre temps », analyse Gaspard Gantzer. « C'est l'un des rares qui peut aujourd'hui, dans les personnalités, s'adresser à tout le pays. C'est l'idole des jeunes, surtout des très jeunes. Il n'y a pas vraiment d'équivalent dans le monde de la culture, de la musique. Orelsan, par exemple, parle plutôt au CSP+ », abonde le journaliste politique Bruno Jeudy.

Mbappé a le monopole du cœur des jeunes Français. Ils mangent, dorment, rêvent Mbappé. Ils l'imitent aussi. Partout en France, les buteurs en catégorie U6, U13 ou U18 s'élancent avant de sauter, bras croisés et mains sous les aisselles. Une célébration qui trouve son origine dans une partie de PlayStation avec son frère. L'insouciance et la légèreté du bonhomme transparaissent à travers cette signature reconnaissable. De Sarcelles à Martigues, en passant par l'ensemble des districts de l'Hexagone, Kyks est imité, copié et réédité, comme jadis la danse du scalp de Jopie, bond en l'air et poing rageur, inspirait une Hollande en désir d'émancipation ; ou plus récemment le « Siiiuuu » de Cristiano Ronaldo, cri de délivrance accompagné d'une extension dont il a le secret et d'un tour à 180 degrés sur lui-même, pour signifier la puissance du mastodonte, sa domination, l'emprise sur l'adversaire.

Le Parisien est de cette trempe. Et s'il fascine autant la nouvelle génération, qui rêve pour une partie d'un destin à la Kylian, c'est aussi parce que ce dernier a très vite été adopté, voire adoubé par les plus grands. Jamais le roi Pelé n'avait ainsi fait l'éloge d'un jeune talent, choisi aussi ouvertement celui qui devait lui succéder. « On se ressemble terriblement, quasiment au même âge », assura-t-il fin 2018, avant de déclarer, à l'occasion des 20 ans du prodige : « Seuls les talents spéciaux se révèlent si tôt.

Joyeux anniversaire Kylian. » Réunis par l'horloger suisse Hublot dont ils sont tous les deux ambassadeurs, début avril 2019, la filiation est devenue naturelle, mutuelle. Dès 2017, Diego Maradona le désignait comme « la révélation du football ». Son compatriote, lui aussi champion du monde en 1986, Jorge Valdano, est dithyrambique. Après la prestation XXL du Français contre son pays, en huitième de finale du Mondial 2018, il le chroniquait dans *The Guardian* : « Solide comme l'acier, rapide comme le vent, il a choisi de démarrer sa révolution le jour où Messi et Cristiano ont quitté la Coupe du monde. Il a fait une entrée fracassante dans l'histoire du football, effaçant tout ce qu'il y avait avant lui. On n'avait pas vu une telle vitesse depuis Ronaldo, le Brésilien. »

Une unanimité rarissime. Comme si cette reconnaissance, gage de validation, justifiait qu'on l'érige en modèle. Le prodige se retrouve possédé par le « don suprême » si l'on en croit l'analyse des héros de l'historien américain Joseph Campbell[36]. Il a la reconnaissance de ses illustres prédécesseurs, c'est « un homme supérieur, fait pour être roi ». Il s'inscrit dans le chemin campbellien du « monomythe », qui veut que tous les grands mythes de l'histoire obéissent à une trajectoire commune. Mbappé parvient à rassembler une large communauté de soutiens. Jeunes, âgés, classes populaires, CSP+, électeurs de gauche, de droite[37]…

Parmi les grandes figures tricolores, il occupe une place unique, atteste Frédéric Dabi, directeur général de l'Ifop :

36. Joseph Campbell, *Le Héros aux mille et un visages*, 1949.
37. Cf. chapitre 10 : « Mbappé, premier homme politique de France ».

« Il n'est pas sur le silence absolu de Goldman, un des géants du top 50[38]. Il n'est pas non plus comparable à Noah dont la popularité était double en tant que tennisman et chanteur. Rien à voir avec Douillet non plus. [...] Il commence à être patrimonial je dirais, comme l'étaient Cousteau ou de Funès. En une phrase, je dirais que, Mbappé, c'est la puissance et la bienveillance. Il a un côté Henri Salvador[39]. » Souriant, consensuel. Rassembleur.

38. Top 50 des personnalités préférées des Français, établi chaque année par le *JDD*.
39. Entretien avec l'auteur.

4

Un média à lui tout seul

Tout le monde connaît Kylian Mbappé. À Paris comme en province, en France comme à l'étranger, tous ceux que nous avons interrogés ont une image du joueur en tête. Beaucoup ont même un avis. Le simple fait de dire que l'on est Français à l'étranger appelle son nom dans la conversation. Même ceux qui ne regardent pas le football savent qui il est. C'est d'autant plus inhabituel que ce n'est pas le cas des autres joueurs évoluant en Bleu ou sous les couleurs du PSG. Évidemment, son talent d'attaquant y est pour beaucoup, mais cette explication ne suffit pas. Sa participation à deux finales de Coupe du monde ne le justifie pas non plus pleinement. Très vite, une explication s'impose : ce qui fait la force de Kylian Mbappé, c'est sa communication. Sa capacité à se faire entendre, à s'exprimer et à être écouté.

Hugo Billard, professeur de géopolitique en classe préparatoire à Paris et animateur de l'émission « Planisphère » sur Radio Notre Dame, le dit très justement. Il y a de quoi être « fasciné par la mise en lumière médiatique de personnages comme Kylian Mbappé.

En fait, ils ne produisent pas autre chose que de l'image si on regarde ça de l'extérieur, sans être sportif. » Et au-delà de ses performances, c'est justement ça qui est important.

Celui qu'on aurait cantonné à son statut de footballeur il y a encore dix ans est devenu bien autre chose. Il a développé un talent que d'autres n'ont jamais eu, celui de savoir se vendre et se faire comprendre, sans jamais être pris au dépourvu. Kylian Mbappé pourrait être un cas d'école dans le *Communicator*[40], la bible des communicants et des experts en relations publiques.

Vous en connaissez beaucoup des sportifs qui peuvent se targuer d'avoir fait la une de *Time Magazine* et d'être l'invité spécial du 20 heures de TF1 à moins de 25 ans ? En à peine sept ans de carrière, Kylian Mbappé l'a fait. Il est devenu une figure médiatique et un expert en communication. Si l'on s'en tient à la presse écrite, depuis 2016, il multiplie les couvertures et fait l'objet de centaines d'articles et de dossiers en pages intérieures. *Paris Match*, *Libération*, *L'Obs* une semaine avant l'Euro 2021, *Public* ou encore *Closer* l'affichent en une. Le *New York Times*, *The Guardian*, *Bild*, *Le Monde* ou encore *Marca* s'attachent à raconter son histoire. Quant à *Sports Illustrated*, le plus grand magazine de sport américain, il le place tout simplement en une du numéro sur la Coupe du monde à Doha au Qatar. C'est le premier footballeur à réaliser cela. Il est le seul Français à cumuler un tel palmarès, une telle surface médiatique.

L'attaquant prodige s'est construit une image médiatique qu'il maîtrise et décline avec d'autant plus de facilité qu'on

40. Assaël Adary, Céline Mas, Marie-Hélène Westphalen, *Communicator : Toute la communication pour un monde responsable*, Dunod, 2020.

lui demande de parler de lui-même. Dans cette « ère du rien » qu'est devenu le football pour l'expert en géopolitique qu'est Pierre Raffard, Kylian Mbappé a compris qu'il fallait remplir l'obligation médiatique et aller au-delà. Il en a fait un atout. Il l'a mise à son service pour mieux susciter l'attente de sa communauté. Avec intelligence et maestria, il a compris son rôle dans « l'allégorie du pas grand-chose » qu'est la quête à l'audience et au débat permanent, cette plaie qui sévit autour du football.

Kylian est le numéro un dans le sport français et un extraterrestre dans le football européen. Il parle quand il veut. Il comprend la stratégie qu'impose le jeu médiatique. Il n'a pas d'équivalent. Comme il s'exprime parfaitement, il ferait un excellent consultant. Mais il est encore plus fort car il a toujours plusieurs coups d'avance. Il connaît les règles. En réalité, il ferait merveille en lobbyiste ou en *public relations*[41].

Un phénomène médiatique dès le départ

Avec un tel précoce, il faut toujours se rappeler que la valeur n'atteint pas le nombre des années, sa maîtrise était présente dès ses débuts. Philippe Auclair le raconte très bien dans le *Guardian*[42] lorsqu'il retrace la genèse du phénomène : « Kylian Mbappé regardait les interviews de ses héros – Cristiano Ronaldo et Thierry Henry notamment – et faisait semblant de donner une conférence de presse en

41. Personnes chargées des relations publiques, acteurs clés de tout secteur politique.
42. https://www.theguardian.com/football/2022/dec/09/project-mbappe-the-making-of-frances-football-superstar

se posant les questions. » La légende est restée. Elle s'est installée au fil des entretiens et la maman du prodige de raconter la faculté du jeune homme à s'entraîner à répondre à des questions qu'il imaginait. Avec le recul, il faut reconnaître que Kylian pointait déjà sous Mbappé.

Aucun des journalistes présents lors d'une de ses premières interventions médiatiques en 2017 ne l'a oubliée. Ce soir-là, les observateurs tombent sous l'emprise d'un gamin que l'on surnommait la « petite grenouille ». Mbappé vient de signer au PSG et, lors de sa première conférence de presse au Parc des Princes, il déclare, cintré dans un costume noir des plus sobres, vouloir « se faire petit et commencer par apprendre », lui qui arrive avec « le palmarès le plus maigre ». Il doit d'abord « prouver ».

C'est un mercredi soir. Le prodige est humble. Son aisance impressionne son public. À son côté, Nasser al-Khelaïfi jubile. L'attaquant arrivé à Paris dans l'ombre de Neymar poursuit son offensive de charme. Il explique qu'il est important pour lui, natif de Bondy, de rentrer chez lui à Paris et de « ne pas quitter la France après six mois de haut niveau ». Tout le monde est conquis. Il n'a pas 20 ans. D'ores et déjà, on l'affuble d'un surnom que reprendra *L'Équipe* : Mbappé est devenu le « petit Obama de la communication[43] ».

Dès ses débuts, tout le monde l'écoute, impressionné. À l'évidence, il surprend dans un monde où la parole rebute. On sent le jeune homme à l'aise, confiant. À la question de savoir quel est son meilleur positionnement sur le terrain, Kylian Mbappé gratifie par exemple l'auditoire

43. https://www.lequipe.fr/Football/Actualites/Kylian-mbappe-operation-de-communication-reussie/832038

d'un : « C'est difficile de répondre, mais c'est une belle question. » Les germes des années suivantes sont dans cette conférence de presse initiatique. L'art de communiquer n'est pas le dernier des talents de Kylian Mbappé.

Lorsqu'on lui demande d'où lui vient cette assurance, il répond là encore avec un professionnalisme déconcertant : « C'est une question d'éducation. J'ai été élevé comme ça. J'ai toujours été comme ça. Je ne vois pas pourquoi je changerais. Ça a l'air de vous plaire en tout cas[44]. » La messe est dite. L'auditoire est conquis. Mieux, il en redemande. Kylian se joue des médias comme des défenseurs. Contrairement à ses collègues ou à tant d'hommes de pouvoir qui redoutent l'exercice, le Parisien profite. Il s'amuse, il s'épanouit, arborant un sourire qui ne le quittera pas.

Il connaîtra l'échec plus tard, pour l'instant il domine son sujet. Certains pensaient à un feu de paille. Mbappé ne serait capable de s'exprimer que dans le calme feutré de Monaco. Avant son transfert à Paris, le conseiller en stratégie Badr Slassi ne croyait pas en la capacité du joueur à s'adapter. « La chance qu'il a, c'est que dans cette surmédiatisation, il ne joue pas au PSG, à Arsenal ou Chelsea. Il subirait probablement les mêmes contraintes qu'ont subies des jeunes qui évoluent au même âge dans de très grands clubs et qui se sont fait broyer à un moment donné par la presse quand les résultats n'ont plus suivi. Mbappé pourrait connaître une période de creux à un moment ou à un autre. La chance qu'il a, c'est qu'il est à Monaco. Cela le protège de la médiatisation dont il fait aussi l'objet à l'étranger. On parle de lui partout. Être isolé

44. https://www.footmercato.net/a9134131048062685579-comment-kylian-mbappe-est-devenu-un-phenomene-mediatique

à Monaco, sur le Rocher, c'est une chance, celle d'être protégé. »

L'erreur est facile à pointer avec le recul. Personne ne pouvait se douter que nous étions face à un tel phénomène. Pourtant, la réalité est là. Ce que l'on pensait être une communication classique et insouciante[45] était tout autre. Un de ses éducateurs en parle bien. C'est Reda Hammache, l'un des recruteurs à l'origine de la venue de Kylian Mbappé à l'AS Monaco. Pour Foot Mercato, il explique : « La façon dont on le voit s'exprimer face à la presse aujourd'hui n'est pas différente de ce qu'il est dans la vie. Il s'exprime avec la même assurance et la même analyse de lui-même. C'est le même garçon. [...] un gamin qui s'est programmé tout seul concernant ses objectifs et la manière de les atteindre. [...] quelqu'un qui a passé son temps à analyser justement les prises de parole des uns et des autres, les conférences de presse. [...] Il répète tout ce qu'il connaît, tout ce qu'il a absorbé depuis tout petit mais avec sa propre analyse et son intelligence. Il attache de l'importance à bien communiquer mais en même temps, c'est naturel chez lui. Il ne se force vraiment pas[46]. »

Depuis ses premiers pas devant les caméras, rien n'a changé. Ou plutôt si. L'attaquant du PSG a bien grandi. Et Neymar est parti. Aujourd'hui, le joueur s'agace, il n'hésite

---

45. « Pour l'instant, il a une communication classique, celle d'un jeune de 18 ans qui a de bons résultats, confie Badr Slassi. Il ne s'enflamme pas et on voit qu'il est plutôt content de jouer au football. Ses réseaux sociaux démontrent une chose, c'est qu'il vit le moment présent. Sa communication n'est pas pensée, il n'y a pas de stratégie. C'est une communication de l'instantané. »
46. https://www.footmercato.net/a9134131048062685579-comment-kylian-mbappe-est-devenu-un-phenomene-mediatique

pas à bouder. Son visage parle pour lui. Quant à l'homme, il a mûri. Il s'énerve, il se réserve et se tait de plus en plus. Mais c'est un autre sujet.

Être de son temps

Ce que l'on constate surtout, en dehors de ses agacements récents, c'est que Kylian Mbappé a pleinement compris l'époque. Il s'est adapté aux nouvelles manières de communiquer. C'est un *digital native*. Frédéric Hermel, journaliste chez RMC et spécialiste du Real Madrid nous l'a expliqué parfaitement : « Il faut remettre en perspective la communication de Kylian Mbappé dans notre temps. Si aujourd'hui, on en parle autant, c'est d'abord parce qu'on a les réseaux sociaux, des chaînes d'information et un feuilleton continu. » En 2023, Mbappé est l'un des dix sportifs les plus populaires sur les réseaux sociaux, il fait partie des cinquante plus grands influenceurs de notre époque. Avec un engagement moyen de 2 millions de personnes par publication, il présente même le meilleur ratio followers/engagement[47]. Aucun club ni aucun média ne peuvent lutter. Mbappé est un pionnier dans l'utilisation des réseaux sociaux par les sportifs.

Dans leur article « Un croisement de notoriété ? Athlètes stars et influenceurs sur Instagram », les universitaires Emilio Fernández Peña, Natividad Ramajo et Adolfo Nieto expliquent la réussite de l'attaquant hors des terrains : « Une stratégie de contenu très efficace, basée sur la diversification des types de messages et l'exclusion, dans la

47. Álvarez-Monzoncillo, J.-M. (Ed.), *The Dynamics of Influencer Marketing: A Multidisciplinary Approach*, Routledge, 2022.

mesure du possible, des messages publicitaires. L'attention portée au contenu des messages pour s'assurer qu'ils ne deviennent pas répétitifs ou monothématiques est un point clé de la conception d'une communication efficace sur les médias sociaux (Geurin-Eagleman & Burch, 2016). En privilégiant le contenu sportif – Mbappé est souvent vu dans des positions athlétiques lorsqu'il joue pour son club ou l'équipe de France – et en ne négligeant pas les posts personnels, qui connaissent souvent un grand succès, il utilise une stratégie diversifiée qui permet d'établir un lien plus étroit avec l'audience[48]. »

La proximité est la clé. Aujourd'hui, c'est ce que tout le monde recherche. Et, une nouvelle fois, le Bondynois l'a compris, il marque là où l'on n'attend pas. Il n'improvise pas, il est lui-même, en avance sur son temps. Il est devenu son propre média. Ses réseaux sociaux constituent son moyen de communication, un lien direct avec son immense communauté et l'ensemble de ses suiveurs. Kylian n'a plus besoin d'intermédiaires. Le moindre de ses posts fait plus de bruit que tous les scandales du Ney à Rio.

Le joueur construit méticuleusement une communication qui correspond à son époque. Il a sa propre ligne éditoriale : il choisit ses sujets en fonction de son actualité, il définit ses combats comme une entreprise ou plaide comme une ONG. Ses supports constituent sa plate-forme. Chaque conférence de presse a des allures de

48. Emilio Fernández Peña, Natividad Ramajo et Adolfo Nieto, « A Cross-Pollination of Fame? Star Athletes and Influencers on Instagram », *in The Dynamics of Influencer Marketing: A Multidisciplinary Approach*, *op.cit.*

keynote[49]. Kylian est un homme pressé. Son agenda est rempli. Il a ses cibles et des partenaires à satisfaire, qui font office d'annonceurs. Pendant les premières années, ils s'occupaient de tout. Aujourd'hui, c'est moins le cas. Il est « staffé », comme on dit dans le métier.

À la manière d'un Steve Jobs en son temps, Kylian Mbappé a réussi à créer une identité et un rendez-vous avec son public. Il sait engendrer l'attente. Avec son sens du timing, il est le véritable « maître des horloges ». Il a imposé une voix, une signature, un positionnement médiatique et social. Il décline l'ensemble sur ses propres canaux et tout le monde s'assoit, applaudit et consent. Il n'est plus un footballeur. Il s'inscrit dans une dimension qui dépasse le cadre du sport. Sa communication est *corporate* et globale. Mais cela lui va bien. Cela fait longtemps déjà qu'il n'est plus (simplement) un homme de terrain. Kylian est devenu une marque, un média et sa propre agence de presse.

Personne ne s'en offusque. Didier Deschamps connaît la musique. Il observe son soliste depuis des années, avec amusement. Il lui fait une confiance aveugle : « C'est à lui de gérer ça. Il est exposé comme tous les joueurs. Vu ce qu'il réalise, c'est logique que l'on parle plus de lui[50]. » Et ça lui va bien. Avoir Mbappé dans ses rangs est un atout plus qu'un problème. Même lorsqu'il ne se présente pas aux conférences de presse en tant que capitaine, le reproche

49. Moment clé d'une conférence. Le plus souvent, il s'agit du discours d'ouverture de cet événement. Le créateur d'Apple, Steve Jobs, en a fait un temps fort des conférences de présentation des nouveaux produits Apple.
50. https://www.footmercato.net/a9134131048062685579-comment-kylian-mbappe-est-devenu-un-phenomene-mediatique

n'imprime pas. L'avoir à ses côtés empêche de parler du reste. Tout le monde parle de lui ou l'attend. C'est lui qui décide. Les journalistes savent que, quoi qu'il arrive, ils seront toujours servis. Entre une *punchline*, un silence complice ou une confidence opportunément distillée, le numéro 10 des Bleus reste un excellent client. Fini l'eau tiède d'Hugo Lloris ou la crispation d'un Patrice Evra. Mbappé, c'est une garantie, un label de qualité, pour les suiveurs comme pour les médias.

François da Rocha Carneiro, l'historien des Bleus, va plus loin. Pour lui, « Kylian Mbappé est un vrai connaisseur de l'histoire du sport, de son sport et de ses à-côtés. À chaque fois qu'il communique, il sait ce qui s'est dit, quelle est la tendance et ce qu'ont fait les autres avant lui. C'est un *benchmark* permanent. C'est pour ça qu'il sort du cadre et dépasse aujourd'hui ce que l'on connaissait jusqu'alors, c'est une sorte d'OVNI dans le football français. C'est quelque chose d'inédit. »

L'impression que tout est différent

Avec lui, la même impression se dégage qu'à l'époque où Magic Johnson, l'un des plus grands basketteurs de tous les temps, a émergé. Comme l'a écrit le journaliste américain, Roland Lazenby, dans sa dernière biographie[51] : « Avec Johnson, on avait le sentiment que rien n'était plus pareil. Que c'était toujours différent. Toujours différent. » Avec Kylian, le prisme est le même. Le rapport à l'opinion et aux médias est hors normes.

51. Roland Lazenby, *La Vie de Earvin « Magic » Johnson*, Talent Sport, 2023.

Frédéric Hermel, journaliste sportif, rejoint cette idée : « Aujourd'hui, Mbappé, c'est une entreprise de communication. Zidane et Platini ne l'étaient pas. C'était même l'inverse. Platini l'a payé. Quant à Zidane, il n'a jamais eu de conseiller en communication. Ça n'existait pas. Sans parler de la génération d'avant, celle des Dahleb et Sušić. » Il y a un avant et surtout un après. Kylian Mbappé est marqué du sceau de l'exceptionnel et de la rupture. Rares sont les hommes qui suscitent des révolutions si profondes et si évidentes. On a l'impression, comme il le souligne, que tout ce qui vient après eux ne sera plus jamais pareil.

« Toutes les actions d'éclat qui sont les leurs » profitent aussi de l'ère de communication des nouveaux médias qu'ils traversent. Comme le rappelle Lazenby, « Magic a réalisé des exploits à peine croyables mais Michael Jordan a dominé les années 1990 à l'époque du câble et d'ESPN[52]. » Son image en a profité et il en a été le produit. Magic Johnson était l'homme d'une époque différente où les médias traditionnels comme *USA Today* prévalaient encore. Le câble n'était pas aussi répandu dans les premières années de sa carrière. Sans parler d'Internet. Mbappé est de la génération Z, il est le produit d'Instagram, de l'Internet illimité, de Twitter et de la fibre généralisée. Il est le visage de la communication du XXIe siècle.

Si Kylian Mbappé défie les lois du football, il est par ailleurs le héraut d'une nouvelle ère. Cela durera-t-il ? La grandeur médiatique et sportive s'érodera peut-être avec le temps. Mais pour l'instant, le premier footballeur

52. Chaîne de télévision sportive américaine.

français est aussi un homme de réseaux et de plateaux. Sept ans après ses débuts, son audience personnelle est bien supérieure à celle de tous les médias qui parlent de lui.

5

Mbappé, une marque déposée

Olive et Tom, la référence parle à tout le monde. C'est l'histoire d'Olivier Atton, cet enfant de Fujisawa qui devient un champion dans sa ville puis dans le reste du Japon. *Captain Tsubasa*, de son nom japonais, a bercé l'enfance de millions de footballeurs dont Kylian Mbappé. Il partage avec Olivier Atton un point commun, celui de faire croire aux enfants que leur rêve peut se réaliser. Lors d'une tournée promotionnelle du club au Japon en 2019, l'attaquant du PSG a rencontré Yōichi Takahashi, le créateur d'Olivier. Les deux univers se sont alors croisés : le Bondynois devenu superstar a fait face à son double de manga. Cette réunion au sommet était annoncée, elle était presque inéluctable. C'est la rencontre entre le meilleur joueur du monde et son pendant de fiction. Deux références pour nos générations, deux marques qui rayonnent dans le monde.

Car Kylian Mbappé n'est pas qu'un footballeur. C'est aussi un conteur et un créateur. Il raconte sa propre histoire. Influenceur et entrepreneur, l'homme est une figure de notre temps. Un symptôme de ce que nous sommes. Ce n'est pas qu'un personnage ou un joueur, c'est aussi une marque et un homme d'affaires.

Mbappé Inc.®

Fred Hermel resitue le joueur dans notre époque. « Le football que j'ai connu n'avait pas atteint cette dimension. Si l'on se fie à ce que l'on sait, Mbappé et tout ce qui l'entoure, c'est une multinationale. C'est Tiger Woods, c'est Michael Jordan. En Espagne, on a Rafael Nadal. On a Pau Gasol, le double champion NBA. On a Fernando Alonso, le pilote automobile, mais aucun n'atteint ces dimensions-là. J'ai connu de près l'entreprise qui gérait les intérêts d'Alonso. On parle tout de même d'un double champion du monde de Formule 1 et vainqueur des 24 heures du Mans. C'était très professionnel. Avec Kylian Mbappé, on a vraiment le sentiment que c'est un truc plus énorme encore. Les grandes stars dont je parle sont dans l'excellence. Elles ne laissent pas de place à l'artisanat ou à l'approximation. Avec Mbappé, on a le même sentiment, l'impression d'une réflexion poussée à l'extrême et déployée à l'échelle internationale. C'est le fonctionnement d'une firme multinationale autour d'un personnage qui est devenu une vedette à l'américaine. »

Le « projet Mbappé » s'est transformé en entreprise, KM est devenu une marque à part entière, une marque déposée. Le joueur est devenu, au fil de ses prestations, un exemple de *personal branding*. Il raconte son histoire et son univers s'étend. Il est au cœur de cette économie des célébrités où tout est question d'image, de discours et de valeurs. La marque Mbappé s'appuie ainsi sur deux valeurs cardinales pour attirer les regards, les partenaires. Il y a d'abord la valeur objective qu'incarne le joueur. Elle est imputable à ses performances sportives, à ses buts mais aussi à sa visibilité et à sa popularité. Ensuite, il faut considérer sa valeur subjective. Elle rassemble les récompenses, les distinctions, l'image qu'il a construite et les critiques qui s'y associent. Tout cela se cumule, se traduit en opportunités et en valorisation économique et financière. Et, en bout de chaîne, cela se répercute sur le chiffre d'affaires de la start-up de Bondy. Le cercle est vertueux, implacable d'un point de vue business.

À l'image d'un Roger Federer, Kylian Mbappé a construit une marque prospère jusqu'à présent. Sa plate-forme de marque est consensuelle. Elle est bien ancrée. Elle a un côté lisse et se positionne sur le haut de gamme. Elle s'appuie à plein sur la personnalité du joueur et son image est calibrée, maîtrisée à l'excès.

Le football n'y est qu'un décor en réalité. Il est le support de sa marque, son domaine d'activité. La petite entreprise de Kylian représente déjà plus de 120 millions d'euros de chiffre d'affaires par saison. Le nombre de suiveurs en augmentation offre de belles perspectives de croissance. L'histoire n'est pas près de s'arrêter. Si ses performances se poursuivent, les épisodes et les saisons vont se multiplier. Kylian est appelé à devenir le numéro un des producteurs de contenu et peut-être le premier milliardaire du sport français.

Celui que l'on surnomme parfois le « tiroir-caisse de Bondy[53] » a compris les rouages de l'économie du *sportainment*. Il se rapproche de Magic Johnson comme le

53. La formule est de Nicolas Puiravau, l'un des chroniqueurs de Paris United, un média de référence sur le Paris Saint-Germain.

rappelle Roland Lazenby : « Earvin Magic Johnson avait compris que le sport était une question de divertissement. [...] il savait combien le divertissement était important. Ce n'est pas simplement un match de basket, un jeu de passes, de tirs et de dribbles. C'est un jeu de divertissement pour le public qu'il s'agit de transformer en ressources financières. Il avait compris que le divertissement était un moteur dans un bilan financier. » Mbappé l'a pleinement intégré. Sa stratégie de « marque-célébrité » est une *success story* à la française. Et ce n'est pas pour rien que les États-Unis le reconnaissent comme un des leurs : KM est la meilleure nouvelle qui soit arrivée à ses partenaires.

Sa marque profite également de cette dérive du football qui nous vient des sports professionnels américains : le joueurisme. De plus en plus de personnes suivent un joueur plus qu'une équipe ou une ligue. Avec ce que ça implique d'individualisme, d'excès et de survalorisation. On a ainsi vu des millions de followers quitter le PSG et rejoindre l'Inter Miami ou Al-Hilal au moment des départs de Lionel Messi vers les États-Unis et de Neymar vers l'Arabie saoudite. La tendance est générationnelle.

L'individualisation des performances devient la norme, comme en NBA. Elle se fait au détriment du sport collectif qu'est le football. Cette hyperpersonnalisation isole les joueurs par le chiffre. Elle fait exploser l'idée d'équipe à coups d'ego et d'individualisme. Chacun doit « faire ses stats » et « jouer son football » comme ils disent. Le joueurisme ne dessert pourtant pas tout le monde. Il profite avant tout aux superstars que sont les attaquants, et plus particulièrement à ceux qui produisent des feuilles de matchs hors normes, à l'image de qui vous savez.

Devenir une marque

Une telle réussite ne laisse personne indifférent. On parle beaucoup du « projet Mbappé ». Les réseaux raffolent de l'expression et beaucoup de parents essaient de reproduire en vain ce qui a été fait par le clan Mbappé. L'histoire passionne et le joueur a même écrit une BD pour la raconter. Il a construit son propre récit et cela fonctionne. Sa bande dessinée est devenue un best-seller. Dans le milieu fermé des éditeurs, le succès de cette autoédition a fait grincer beaucoup de dents. On n'aime pas être doublé par un outsider. Cette aventure a surtout souligné une nouvelle fois l'opportunisme du joueur et son sens avisé des affaires. Associée à ses performances et à une communication verrouillée, la marque Mbappé est désormais regardée autrement.

Une question reste néanmoins posée : pourquoi Kylian Mbappé est-il devenu à ce point tendance ? Martino Carrera, dans son article « How Soccer Players Became Fashion's Latest "It" Boys », le décrypte assez bien : « Mbappé incarne les valeurs des joueurs modernes. Il est impliqué dans de nombreuses initiatives caritatives. [...] Parmi ses autres activités, il y a le domaine de la mode où le champion de football est ambassadeur de marques de luxe[54]. » L'ADN de la marque KM répond parfaitement à l'ère du temps. Elle associe le talent à l'audace, la jeunesse à l'envie d'assumer. L'identité que le joueur a décidé de façonner attire. Mais cela ne suffit pas. Alessandro Maria

54. Martino Carrera, « How Soccer Players Became Fashion's Latest "It" Boys », *Women's Wear Daily*, sept. 2022.
https://www.proquest.com/trade-journals/how-soccer-players-became-fashions-latest-boys/docview/2716336772/se-2

Ferreri, consultant dans le domaine, complète : « Les sports sont devenus de tels vecteurs de promotion que les joueurs individuels sont actuellement plus demandés que les équipes entières. » Et Mbappé en tire profit.

L'époque sert également les intérêts du joueur. La masculinité toxique et la vulgarité longtemps associées au football sont aujourd'hui moins omniprésentes. Les choses ont changé. Le ballon rond fascine, il est devenu attirant. « Les marques de mode cherchent à mettre en lumière la personnalité qui se cache derrière l'athlète, elles recherchent des valeurs qui s'alignent sur celles qu'elles promeuvent. » Là encore, la marque Mbappé tire son épingle du jeu. Le joueur est la voix d'une autre génération, plus métissée, plus inclusive. Globalisée. Il n'est « plus seulement un porte-parole athlétique » selon Rachael Gentner, la directrice de la société de tendances Fashion Snoops. C'est aussi un pourvoyeur unique de représentations positives et… de clients potentiels, au travers de son « immense base de fans ».

Pour autant, la marque Mbappé a des limites. Le joueur n'affiche pas la proximité que les marques attendent de leurs héros. Comme l'a expliqué le journaliste Matthieu Faure sur X, « le joueur est absolument incroyable mais sa personnalité reste insaisissable. Il est très difficile d'avoir de l'affection pour lui. » C'est le sentiment qui s'impose en France et une limite à l'essor du produit Mbappé. Le rapport qu'il instaure est strictement professionnel. L'homme est froid et distant, notamment pour l'immense majorité des supporters parisiens. Surtout quand il est fâché. Heureusement, la communication d'une multinationale a des mérites. Elle dissimule les problèmes et fait disparaître les aspérités. Et le joueur du PSG sait en profiter.

Copyright et marque déposée

En bon entrepreneur qu'il est, l'attaquant n'oublie pas non plus que toute activité suppose de faire respecter ses droits. A fortiori quand on travaille pour le monde entier. Et là encore, le numéro 7 du PSG est redoutable en dehors des terrains. Comme tout producteur de contenu, il sait se protéger. Il est même plus fort que Prince, la star américaine du rock récemment décédée. C'est John Gapper[55], l'un des éditorialistes du *Financial Times*, qui le dit !

Revenons sur l'histoire de cette comparaison. Dans les années 1980, Prince n'a pas su protéger ses droits. Une photographie de lui prise par Lynn Goldsmith fut utilisée par Andy Warhol sans son accord. Il n'a jamais rien touché malgré des années de bataille juridique. Cela ne serait pas arrivé au capitaine des Bleus. Pour le journaliste anglais, « Mbappé est l'incarnation d'une époque où les stars du sport exploitent au maximum les droits sur tout ce qui leur est associé. [...] Une valeur considérable est attachée à l'actif inimitable qu'est leur visage. Les droits relatifs à leur nom et à leur image font donc l'objet d'une concurrence féroce. » Ils doivent les défendre. Et c'est en cela que Kylian Mbappé est un exemple. Il fait valoir ses intérêts comme personne, notamment lors des négociations pour modifier à son avantage les droits d'image en équipe de France. Et l'éditorialiste de conclure : « Si Prince s'était attaché à contrôler son image comme le fait aujourd'hui Mbappé, il n'aurait jamais été floué. » Tout est dit.

55. John Gapper, « Mbappé Beats Prince at Controlling His Own Image », FT.Com, oct. 2022.

Un joueur libéré, délivré

En bon libéral, Kylian Mbappé connaît également les vertus du libre-échange. Il n'ignore rien de l'économie des transferts. Il connaît donc le prix de sa liberté. Au regard de ce qu'il est capable de faire, on peut estimer sa valeur de transfert comme le font Transfermarkt ou le CIES. On en a déjà parlé précédemment. Dans les faits, la réalité n'est pas aussi simple. « Mbappé est hors marché dans les faits car il est exceptionnel », comme nous l'a expliqué le spécialiste de la finance qu'est David Gluzman.

Kylian a une cote mais il n'a pas de prix. Cela change le rapport de force entre son employeur, ses partenaires et lui. « L'attaquant du PSG est tellement conscient de sa valeur qu'il sait que pour se donner une certaine liberté, il faut qu'il se rapproche le plus possible de la gratuité. Pour décider de son avenir, il n'a pas d'autre choix. Il est obligé de se rapprocher de la fin de son contrat au PSG. » Il pourrait d'ailleurs être le « premier grand joueur à casser le système ».

L'homme est intelligent et bien conseillé. De surcroît, il faut le voir comme un entrepreneur qui ne deale qu'aux conditions qu'il a posées. Pour David Gluzman, Kylian Mbappé est dur en négociation. Quant à son prochain contrat, tout devra se faire « selon ses termes, au prix qu'il a décidé et pour aussi longtemps qu'il l'aura décidé ». L'économiste fan des Girondins nous explique pourquoi le joueur a cette possibilité de s'affranchir du système : « Un joueur comme lui n'a pas de prix. C'est comme un duplex place des Vosges. Il n'y a pas de marché. C'est tellement rare que c'est inestimable. Kylian, c'est un potentiel qu'on n'a jamais vu. Un extraterrestre. Il lui manque plein de choses, mais il évolue sur un marché extrêmement particulier, le marché des attaquants extrêmement prolifiques où ils ne sont que quatre ou cinq, pas plus, capables de délivrer. » Sa valeur est donc unique et inestimable quand on y réfléchit. En raison de ses performances sur les terrains mais aussi pour tout ce qu'il apporte en dehors.

« Aujourd'hui, c'est un *project player* sans franchise. L'entrepreneur-joueur est en quête d'un projet. Et il a toutes les cartes en main pour décider. S'il exerce sa liberté jusqu'au bout, il peut tout bouleverser. Si l'on ajoute que c'est sa meilleure saison statistique, Mbappé peut faire jurisprudence. La situation est simple : le seul prix possible, c'est celui qu'il sera capable d'accepter. »

Libérée des transferts, délivrée des droits à l'image, la marque Mbappé n'a donc pas fini de faire parler d'elle.

6

Le joueur-symptôme d'une nouvelle génération

Comment ignorer Kylian Mbappé ? Aujourd'hui, il est impossible dans notre société de vivre sans être touché par ses images, sans être inondé par les résultats de ses matchs… Ces mots inspirés par le philosophe Robert Redeker[56] expriment l'omniprésence du joueur. Ils sont marqués par l'exaspération. Ils regrettent aussi, en creux, son importance et la dimension totalisante du football dans notre quotidien.

Malheureusement pour lui, Redeker est du mauvais côté de l'Histoire : il faut regarder le monde tel qu'il est et non tel qu'on voudrait qu'il soit. Et dans celui-ci, Kylian est partout et ce n'est pas près de changer. La révolution est à l'œuvre depuis longtemps, comme l'écrivait déjà Alain Ehrenberg dans *Le Culte de la performance* : le footballeur en tant que sportif de haut niveau est devenu un modèle, un symbole d'excellence sociale. Il est valorisé, espéré et attendu comme l'est Kylian Mbappé.

---

56. Robert Redeker, *Sport, je t'aime moi non plus*, Robert Laffont, 2022, p. 55.

L'actualité, c'est lui qui la crée et c'est exactement ce qui arrive avec le prodige parisien. Il est l'une des vedettes de notre « société du spectacle » global. Il fait la une. Il est tête d'affiche ou en *trends topics* sur les réseaux sociaux. Son anniversaire est un événement, ses vacances ont tout de la saga estivale. Quant à ses prolongations de contrat, c'est la série de l'année, celle devant laquelle on retient son souffle. Mais Kylian va plus loin, toujours plus loin. Chacun de ses tweets fait réagir ou crée la polémique. En bon influenceur, il s'affiche, commente, profite. Il est incontournable. Cela aurait pu et dû s'arrêter là.

Un conseiller du prince bien encombrant

Mais le bruit que Kyks fait quand il s'exprime est unique. Il détonne. L'impact de ses paroles dépasse le mur du son global, pour paraphraser Willy Denzey et reprendre Roland Lescure, le ministre de l'Industrie. Kylian Mbappé a atteint, en tant que sportif, une position que personne d'autre avant lui n'aurait pu et n'a su occuper. Celle de leader d'opinion, de conscience publique, de vigie morale.

Chez les footballeurs français, il est seul. Certains footeux ont bien essayé, mais aucun n'a vraiment réussi. Platini a toujours fui cette responsabilité. Dominique Rocheteau l'a effleuré à l'occasion de la Coupe du monde 1978 en Argentine, mais l'époque ne s'y prêtait pas. À l'inverse, Éric Cantona a fait parler de lui mais ses outrances l'ont empêché d'avoir, en France, la même reconnaissance que chez nos amis britanniques. Zidane était espéré dans ce rôle après 1998 mais il n'a jamais souhaité l'endosser. Youri Djorkaeff a préféré les instances de la FIFA, Laurent Blanc les greens de golf. Être un repère moral, Lilian Thuram a pu en rêver sans toutefois y parvenir réellement. Franck Ribéry aurait pu incarner quelque chose comme Patrice Evra ou Nicolas Anelka. Mais ils étaient tous à Knysna. Antoine Griezmann, pour sa part, n'a jamais rassemblé au-delà de ses partisans. Quant à Karim Benzema, il s'est imposé, malgré toutes ses qualités, comme un leader clivant.

Reste Kylian. Il a une position inédite dans notre paysage politique et médiatique, son héroïsation est celle d'un mythe contemporain. Elle dit beaucoup de l'époque dans laquelle on vit. Cette fois-ci, il n'est pas question de positionnement tactique ou du rôle de pivot dans une attaque à trois. Le joueur du PSG est devenu une figure de notre société, de sa modernité. Si Roland Barthes était encore vivant, il aurait pu en faire une des figures de ses *Mythologies*.

Kyks va au-devant des problèmes. On pourrait même dire qu'il s'en autosaisit car personne ne l'a invité à le faire. Il initie la tendance, dynamite les habitudes. Les règles du jeu n'existent plus, il les renouvelle constamment. François da Rocha Carneiro, l'historien spécialiste des Bleus, souligne la rupture : « On a souvent vu dans le passé nombre de grands sportifs et de joueurs de tournois devenir des conseillers par la volonté du prince. » Que ce soit dans l'Antiquité, à l'époque moderne ou de manière plus contemporaine, c'était le pouvoir politique qui venait les chercher. Avec Mbappé, la donne est différente. Il n'a pas été sollicité. C'est lui qui s'est imposé avec l'assurance qu'on lui connaît. Sa singularité est là.

« Vous n'êtes pas contents ? Triplé ! » est devenu sa marque de fabrique. Il contraint les acteurs à le considérer.

L'historien lillois poursuit : « Kylian Mbappé a pu construire sa propre fonction, il s'est fait sa propre place dans le champ de l'opinion publique. » On l'a vu avec Emmanuel Macron, mais pas seulement. Évidemment, tout est toujours provisoire. Sa place dépend d'abord de ses performances, de sa parole et de ses engagements. Mais la tendance est durable, elle mérite qu'on s'y attarde.

Kylian et la « société liquide », l'histoire de notre époque

La force de Kylian Mbappé est caractéristique de notre temps, elle est « le symptôme d'une mutation du politique, d'une gestation d'un autre rapport au politique, un rapport qui s'exprimerait hors de la fonction ». Ce n'est pas une nouvelle dimension de la « politique spectacle », comme on pourrait le penser.

Pour François da Rocha Carneiro, le poids du joueur traduit « à l'échelle nationale une fragmentation du pouvoir comparable à ce que l'on constate sur la scène internationale et Mbappé y prend sa part. Aujourd'hui, le pouvoir institutionnel vertical est contrebalancé et concurrencé par le pouvoir économique, par les ONG, par plein d'autres acteurs, à commencer par ces nouveaux types de leaders d'opinion venus de la société civile comme le joueur du PSG. »

On l'a vu avec les Gilets jaunes mais aussi avec George Clooney au sujet du Darfour, DiCaprio sur le climat ou Rihanna avec son implication dans le Partenariat mondial pour l'éducation. Nous sommes entrés, avec les réseaux et la mondialisation de l'opinion publique, dans une nouvelle ère, celle de la « modernité liquide », théorisée par le philosophe Zygmunt Bauman.

Le pouvoir y est éclaté, fracturé. Il est dorénavant disputé et tout doit se vivre et se décider à une vitesse et à une échelle nouvelles. Dans cette « société liquide », tout le monde a voix au chapitre. Ce sont des conditions idéales pour l'un des footballeurs les plus influents de la planète. Les anciennes hiérarchies disparaissent ou elles sont profondément ébranlées dans cette « société liquide ». Et c'est là que des figures comme celle de Kylian Mbappé peuvent exister et s'extraire de leur domaine de spécialité.

Fini la verticalité des décisions, place à l'horizontalité. L'influenceur intègre le rang des décideurs et le footballeur prend le pouvoir. L'expression est la nouvelle passion contemporaine et Mbappé l'a compris : il fait entendre sa voix. Ses demandes ne sont pas simplement une marque de maturité ou de précocité. Dans ce nouveau monde, l'attaquant de l'équipe de France est une avant-garde. Il occupe une place plus importante que jamais. Définitivement à part.

L'engagé du XXIe siècle n'est plus un intellectuel, c'est Mbappé

Pour Thibaud Leplat, le philosophe coanimateur du Comex et de l'After Foot, la place occupée par Mbappé dit surtout beaucoup de nous, de ce que nous sommes devenus. Pour lui, Mbappé est « le symptôme de la disparition du politique et le symbole de l'effacement de la figure de l'intellectuel au profit de celle de l'influenceur ». Kyks n'est pas seulement le porte-parole d'une nouvelle génération, c'est un « joueur-symptôme » des maux et des ruptures que nous connaissons. Un influenceur d'un nouveau genre digne de « l'âge des excès » que nous traversons.

L'intellectuel engagé de la fin du xxe siècle est donc mort. Il est retourné définitivement sur le banc. Désormais, le leader moral, capable d'intervenir dans le débat public, est remplacé par l'influenceur-footballeur. La nouvelle figure de l'engagement a le visage d'un attaquant de 25 ans…

Sacha Houlié, président de la Commission des lois de l'Assemblée nationale et supporter de l'OM, reconnaît la rupture et s'interroge sur ce qui va se passer : « Mbappé, c'est le seul audible et c'est le seul à être écouté. Avec l'effacement des grandes idéologies politiques et la destruction des repères habituels, on a une société où le pouvoir, finalement, se fragmente. Le décideur politique est obligé de faire avec d'autres types d'acteurs. Kylian Mbappé en est un. On verra à l'usage comment on exerce son pouvoir politique avec ce type d'acteur. Il a du pouvoir et en aura encore davantage mais il n'a pas à assumer le même type de responsabilités… On peut se demander si nous ne sommes pas victimes d'une vision aujourd'hui dépassée de l'homme politique. »

Une chose est sûre, tous les acteurs du jeu vont devoir composer et Kyks n'est pas près de laisser sa place de titulaire.

7

Mbappé ou la légitimité de l'influenceur

« La responsabilité est le prix de la grandeur. » Comme Winston Churchill, le Bondynois l'a toujours su. Il est scruté, critiqué, égratigné sans répit. Chaque jour, il en paye le prix, parfois durement. Il le dit lui-même, il a perdu la spontanéité, celle du quotidien que nous connaissons tous. La normalité pour lui n'existe plus. Mais cela ne l'empêche pas de vouloir être un « rôle modèle » dans une société en profonde évolution.

Depuis ses débuts, le joueur ne cesse de réclamer des responsabilités à la hauteur de ses talents. Il veut être associé aux décisions sportives, au management du club, à l'utilisation de son image. Il souhaite porter le brassard de capitaine, choisir ses partenaires, etc. Le footballeur a une certaine idée du pays, de lui-même et du football. L'homme représente la France, l'influenceur de la génération Z sait ce qu'il veut. Et sa volonté ne se limite pas au terrain.

La tyrannie du talent, un footballeur de pouvoir

Cependant, vouloir c'est une chose, pouvoir en est une autre. La participation de Kylian au débat public interroge, l'importance qu'on lui accorde, tout autant. Son poids clive, naturellement. Pour certains, son implication est une tendance positive et profitable de notre époque. La France change, Mbappé en est le visage. Pour d'autres, il symbolise cette « ère du rien et du néant » qui caractérise l'air du temps. Cette « allégorie du pas grand-chose[57] », où domine une « représentation boursouflée de soi[58] ».

En attendant de trancher, notre jeune homme est footballeur et influenceur à plein temps. Il n'a pas de mandat du peuple et joue au PSG. Il a envie de parler et il est écouté. Pour paraphraser Ärsenik, l'un des groupes emblématiques du rap des années 1990, Kylian ne « peut pas prétendre faire du football, sans prendre position ». Il le revendique. Ses engagements tous azimuts montrent qu'il en est conscient. En même temps, ils le mettent en avant. Ses prises de position servent son récit et ce n'est pas le moindre des paradoxes. Parler des autres, c'est aussi parler de soi.

Voir un sportif instagrammeur endosser un tel poids symbolique et politique n'est pas sans générer une certaine ambivalence, une « inquiétante étrangeté » pour reprendre la formule de Freud. Sa légitimité est un problème, plus qu'une question. Thibaud Leplat est

57. La formule est de Pierre Raffard.
58. Éric Sadin, *L'Ère de l'individu tyran. La fin d'un monde commun*, Grasset, 2020.

plus direct encore, comme à son habitude : « Sa seule contribution est de se produire sur le terrain et de ne quasiment pas apparaître en dehors de la pelouse. » Ça a le mérite de la clarté.

David Gluzman, notre financier spécialiste du football, est plus nuancé. Pour lui, le joueur a des arguments à faire valoir. En plus de sa visibilité et de son intelligence, Kylian est capable de faire face à une médiatisation extrême. Chaque week-end, il subit une tension constante. Il sait délivrer sous pression, il s'expose à des situations que personne ne connaît. Lorsqu'on est « capable de prendre des décisions sous la pression de 400 millions de personnes qui vous regardent et d'aller défier un stade hostile qui vous siffle devant un milliard de personnes, ça forge un homme. Ça le révèle à lui-même et aux autres. Ça n'existe pas dans la vraie vie, une telle pression ».

L'Histoire se chargera d'écrire la suite de l'histoire. Elle apportera une réponse à l'effectivité de son engagement, qu'il s'exprime par la parole, par le *like* ou par le clic. Pour l'instant, Mbappé n'apparaît pas moins légitime pour s'exprimer qu'Isabelle Huppert, Juliette Armanet, Grand Corps Malade ou n'importe quel autre artiste, influenceur ou people qu'on dit engagé. En plus de la célébrité, tous partagent un point commun. Ce sont des repères. Notre société est en demande de leurs « engagements » médiatiques et une chose les relie à l'attaquant du PSG : la permanente « mise en scène du moi ».

L'ère du « je »

Kylian Mbappé est une « marque humaine[59] » mais il incarne, peut-être plus qu'un autre, cette ère de l'individualisme exacerbé que décrivent les philosophes Gilles Lipovetsky et Éric Sadin. Kyks en est devenu à la fois la mesure et l'exemple le plus parfait.

Tout a pourtant commencé avant sa naissance, avec l'effondrement des grands systèmes autoritaires et l'affaiblissement des institutions traditionnelles. Les désillusions qui ont accompagné la disparition des idéologies ont conduit à se replier sur ce qu'il restait, c'est-à-dire « soi-même ». La « culture du narcissisme » dont parlait l'historien Christopher Lasch dès 1979 a fait le reste. L'arrivée du smartphone et des réseaux en ont démultiplié les effets. Depuis, le renversement de paradigme est complet. L'égotisme et le culte du moi se sont affirmés. « L'ère de l'individu-tyran[60] » persuadé d'être l'unique centre du monde est devenue notre réalité. Notre présent.

Pour Kylian et sa génération, la toute-puissance du « je » est la norme. Son parcours de footballeur est ainsi jalonné de multiples péripéties qui le mettent en scène depuis plusieurs années. *« Mbappé first »* est devenue la première règle à respecter dans le football français. Avec lui, ses désirs et sa volonté sont (presque) des ordres. Nasser al-Khelaïfi, le président du PSG, en a fait les frais. Et il n'est pas le

59. Expression de Markus Wohlfeil, universitaire américain, employée dans son livre *Celebrity Fans and Their Consumer Behaviour* au sujet de Kim Kardashian.
60. Éric Sadin, *L'Ère de l'individu tyran. La fin d'un monde commun, op. cit.*

seul. Avec Kyks, toute contrariété est impossible. L'idée même du refus entraîne la bouderie, le bras de fer ou la contestation. De son départ du Rocher à sa prolongation à Paris, le public n'échappe à rien et chaque anecdote prend des proportions hallucinantes. Tout doit aller dans sa direction. Kylian Mbappé y a d'ailleurs gagné un surnom dans le milieu, « Monsieur Sens Unique », qui vaut toutes les explications.

Au-delà de sa personne et bien malgré lui, le joueur est devenu l'étalon du changement anthropologique à l'œuvre. Il personnifie cet individualisme contemporain sans frein, ce moment de civilisation où l'egotrip et le narcissisme dominent en mondovision. Kylian en est l'un des avatars. Son appartenance à la « Gen Z », que l'on y croit ou pas, n'y est pas pour rien.

À cette révolution, un problème s'ajoute. Non seulement le « je » doit triompher, mais il faut que cela se voie, se sache. Tout doit être mis en scène et montré en temps réel au monde entier. Là est le dur quotidien du joueur-influenceur. Rien ne doit se perdre. Tout doit figurer sur les réseaux. Le selfie reste alors un outil incontournable. La moindre prise de décision doit se décliner en posts sur X, en story Facebook ou en Reels sur Instagram.

La chute de Narcisse

L'influenceur ordinaire passe presque plus de temps à soigner son image et à se raconter qu'à vivre. Alors imaginez ce que cela implique quand on est Kylian Mbappé, l'influenceur français ultime. Aujourd'hui, cette « ère du vide » laisse place à un surplus de présence de soi. Tout est centré sur sa personne. Pour l'ancien joueur de l'AS Bondy, le vrai risque, c'est la « kardashianisation », le trop, le *too much*. L'omniprésence.

Ce risque, il le côtoie de près. Lui, Kendall, Kim et les autres se connaissent. Ils se croisent et se fréquentent même, que ce soit à Paris ou dans les Hamptons. Les influenceurs n'ont pas besoin de se retrouver au Forum de Davos ou aux Nations unies pour compter et exister. Miami leur suffit. Ils forment une élite transnationale et déterritorialisée, une jet-set qui échappe aux frontières et au politique. Leur pouvoir est plus grand qu'on ne le croit. Et Kylian en est désormais l'un des représentants. Ils règnent, à leur manière, sur les tendances et le débat public, sans toutefois avoir, sur leurs frêles épaules, le poids des responsabilités dont parlait Churchill, celles qui accompagnent l'exercice du pouvoir.

L'élitisme de ces influenceurs ne tient pourtant à rien. Il n'y a pas d'école, pas de diplôme, pas de médailles. Leur pouvoir est avant tout médiatique. Il tient à la puissance de leur imaginaire et à leur *soft power*. Ils font partie de cette « nouvelle élite démocratique fondée sur la singularité[61] » que décrit la sociologue Nathalie Heinich et qui a fait de sa visibilité un capital. Leur excellence ne repose que sur elle. Et leurs compétences ne se mesurent qu'à leur nombre de followers. Il suffit de regarder un épisode de *L'Incroyable Famille Kardashian* pour s'en convaincre.

Pourtant, malgré leur vacuité, ces influenceurs pèsent sur l'opinion publique d'une manière inégalée : la force de leur image et de leur viralité constitue leur justification

61. Nathalie Heinich, *De la visibilité. Excellence et singularité en régime médiatique*, Gallimard, 2012.

pour exister autant. Le danger qui guette « *Kylian from Paris* » est là, c'est l'abîme de la toute-puissance qui menace. L'autodestruction du surhomme dans sa contemplation de lui-même. L'exaltation de l'image qu'on lui renvoie.

La crainte, c'est la chute. Comme le dit Thibaud Leplat : « Narcisse a fini par se réveiller dans son propre reflet et tomber dans le lac. » Et les signes ne manquent pas, ils se multiplient même. « Le joueur semble de moins en moins juste et motivé à son poste. Sur le terrain, il y a de plus en plus de choses à voir. Des points saillants. Des aspérités. Comme un dévoilement de la réalité. On peut finir par le détester », malgré ses performances, malgré les buts marqués et le masque des statistiques. La lassitude n'est pas loin d'arriver.

On le constate au sein de la *tifoseria*[62] parisienne, l'homme agace. Le feuilleton de ses prolongations compte beaucoup d'épisodes. C'est peut-être la saison de trop. Le joueur, même s'il est brillant, exaspère.

Neymar et Messi sont partis. Désormais, il est en majesté mais il est tout seul. Comme un roi nu qui ne pourrait plus rien dissimuler. Au premier rang, il focalise les critiques. Il paraît moins dominant même si les chiffres le protègent encore. À force, « l'excellence se fatigue » et nous épuise. Le joueur-influenceur doit donc faire attention. Il est face à un choix. Prendre le risque de partir ou assumer ce qu'il est.

Pour le philosophe niçois, « Mbappé est le reflet d'une génération. Il est le reflet d'une manière de penser l'époque qui serait postmoderne, postnationale », et même hypermoderne si l'on suit Gilles Lipovetsky.

62. Nom italien donné à l'ensemble des supporters et notamment aux plus engagés, les ultras.

Pour lui, « Kylian est la figure du narcissisme contemporain. Et en ce sens-là, il fait symbole. C'est un individu qui, tout en faisant semblant de contester l'ordre établi, en est, en fait, l'émanation. Il est l'incarnation même de la nation et du faux rebelle. C'est l'émanation de celui qu'on salue et devant lequel on se prosterne. Rien de plus. Au moment où il fait semblant de contester le système, il y appartient entièrement. La preuve étant sa proximité avec le président. Mbappé, c'est quand même l'incarnation de l'ordre établi. »

Et c'est justement là où l'on attend l'homme, le joueur et l'influenceur. S'engager implique de gérer ses contradictions. Au-delà de ses zones d'ombre, il lui faut assumer, au risque de l'impasse. Kyks doit convaincre de son authenticité et la préserver. C'est son premier défi.

L'excès de « soi » et la fatigue qui l'accompagne constituent le second défi. C'est à lui de dépasser cette mise en scène généralisée de soi-même qui caractérise l'époque. Notre numéro 10 doit éviter de devenir un nouveau membre du clan Kardashian et rester, en vérité, fidèle à ce qu'il est. Autrement, il sera l'un des visages de cette « civilisation du trop ». On aimerait savoir ce qu'il pense de tout cela, saisir ses failles, comprendre sa psyché, mais ce n'est pas encore son sujet.

À l'heure de « l'individu-tyran » et de la submersion de nos vies par les réseaux, Mbappé a tout pour durer, pour peser durablement. À condition qu'il n'oublie pas d'où vient sa puissance.

La seule vérité, c'est celle du terrain.

8

Make Kylian great again
Le Français du XXIe siècle est un Américain

Il ne s'appelle pas Wembanyama, mais Mbappé, quand on y pense, a tout d'un basketteur. Il en a les réflexes, les habitudes et les travers. Sa passion des statistiques et son désir de vaincre le distinguent. Mais cela ne suffit pas. Comme nombre de footballeurs de sa génération, la ligue américaine de basket le fascine. On l'a déjà vu sur les parquets des Golden State Warriors et des Brooklyn Nets. Il a participé à la Draft, et manifestement ce qu'il a vu l'inspire. Sa communication, son rapport à la société et son attitude vis-à-vis de son employeur ont plus à voir avec un joueur NBA qu'avec un joueur évoluant sous l'égide de la LFP[63].

Un basketteur qui ne s'ignore pas

Comme LeBron James, il connaît l'histoire de son sport et cherche à y prendre une place de choix. Si possible, la première. Il l'a reconnu lui-même après être devenu le

63. La LFP est la Ligue de football professionnelle en France.

meilleur buteur du PSG[64] : « Je joue pour écrire l'histoire, j'ai toujours dit que je voulais écrire l'histoire en France, dans la capitale, mon pays, ma ville [...]. C'est un accomplissement personnel, je suis en train de le faire, c'est magnifique. Mais il reste encore du chemin à faire[65]. » Son obsession des titres et son attachement aux classements viennent de cette ambition première.

Son moteur est de compiler les statistiques pour en repousser les limites. Le ciel et sa volonté sont aujourd'hui les seules limites qu'il reconnaît. L'adversité n'existe pas quand on le lit. S'il respecte ses aînés et considère ses rivaux, il sait ce qu'il vaut. Ce n'est pas de l'immodestie ou du narcissisme. C'est typique de la mentalité de ces nouveaux champions qui ont grandi dans la culture du sport à l'américaine et de la NBA.

Il y a du Kevin Durant dans l'expression parfois mutique de son talent. Il joue pour gagner et performer. Le rapport aux fans et aux coéquipiers est important mais secondaire. Un joueur est d'abord là pour remporter les matchs. Le reste passe après. Il n'a pas le côté démonstratif d'un Stephen Curry, l'exubérance d'un Dennis Rodman ou le *trash talking* d'un Michael Jordan. Quand il marque, il garde une certaine réserve et il surprend quand il en sort brutalement. Lorsqu'il s'est mis à crier après le penalty raté par Harry Kane en quarts de finale contre l'Angleterre, Mbappé, tout

64. Le samedi 4 mars 2023, à l'occasion du match disputé au Parc des Princes contre Nantes, Kylian Mbappé est devenu, avec son 201e but, le meilleur buteur du PSG.

65. Mbappé au micro de Canal+.
https://www.lefigaro.fr/sports/football/ligue-1/psg-j-ai-toujours-dit-que-je-voulais-ecrire-l-histoire-en-france-dans-mon-pays-dans-ma-ville-savoure-mbappe-apres-son-record-20230304

en maîtrise d'habitude, s'est lâché. La majeure partie du temps, son expression est contrôlée. Il sait qu'il est regardé, qu'il fait figure d'exemple. Même ses rapports aux arbitres tiennent plus du basketteur que du footballeur. Si le joueur râle souvent, il conteste rarement et son capitanat accentue une tendance obligatoire que l'on retrouve en NBA. La responsabilité et la visibilité impliquent l'exemplarité. Il l'a bien intégré.

L'importance des autres

Dans sa manière de redonner à sa communauté et à ceux qui l'entourent, on retrouve aussi chez Kylian Mbappé l'investissement d'un Giánnis Antetokoúnmpo, le joueur majeur des Milwaukee Bucks, et les sourires des grandes stars de la ligue, celles qui n'ont pas oublié d'où elles viennent. Que ce soit LeBron James à Akron ou Jayson Tatum avec sa fondation, Kylian donne et souvent sans compter. La Fondation Abbé Pierre et Les Restos du Cœur en sont les premiers bénéficiaires. Et il n'en fait pas la publicité. À la manière des programmes NBA Cares et des initiatives que pilotent les joueurs, le footballeur est devenu un mécène et un philanthrope.

Il n'a pas non plus oublié l'AS Bondy, son premier club. Sa fondation Inspired by KM tient également davantage du projet à l'américaine que de la traditionnelle association caritative. Il a envie de rendre mais aussi de s'investir : « Ce que la société a fait pour moi, je m'en suis toujours senti redevable. Je faisais partie des privilégiés, j'ai pu faire de ma passion mon métier. » Il donne ainsi de son temps, de son argent et de son entregent. En aidant 98 jeunes, sa détermination est claire : « Le but n'est pas de leur vendre un rêve, mais de les aider à y parvenir. » L'ambition est de les accompagner jusqu'à leur entrée dans la vie active. Pas de faire de l'image à moindres frais comme certains footballeurs et champions par le passé. Même si cela passe par un numéro d'« Envoyé spécial » programmé en janvier dernier, le message est passé : Kyks rend ce qu'on lui a donné. À l'américaine. Il veut laisser un héritage qui perdure au-delà du football.

Business is business

Comme tous les champions, Kylian Mbappé a des intérêts et ils ne coïncident pas forcément avec ceux de ses employeurs et de ses partenaires. Les affects n'existent pas. Ce ne sont que des discours, les affaires sont les affaires. En coulisse, l'attaquant est aussi redoutable que lorsqu'il est seul devant un gardien. Dans sa manière de construire sa carrière, il y a un côté Michael Jordan. Prudent dans son expression quand cela touche ses intérêts contractuels, il sait au contraire être offensif et audacieux quand il s'agit de les défendre.

Mais contrairement à son aîné, il ne réserve pas ses propos sous prétexte que « les Républicains achètent aussi des chaussures[66] ». Sa stratégie est différente. Dans l'économie des célébrités dans laquelle il s'insère, il a le côté pugnace et éthique qui correspond à sa génération, la Gen Z. On pourrait appliquer à son cas ce qu'Éric Briones et Nicolas

66. https://rmcsport.bfmtv.com/basket/nba/nba-trente-ans-apres-michael-jordan-se-defend-pour-sa-phrase-polemique-sur-les-republicains_AV-202005040390.html

André écrivent dans leur livre *Le Choc Z. La génération Z, une révolution pour le luxe, la mode et la beauté*[67].

À la manière d'un Michael Jordan dont il porte la marque comme un symbole, Kylian Mbappé s'inscrit pleinement dans le business très américain des « célébrités-entrepreneurs ». La filiation est évidente. Connu très tôt lui aussi, il a su comme MJ monnayer ses talents de manière organisée, avec pragmatisme et un certain sens des opportunités. La jeunesse n'est pas un obstacle pour lui. Le joueur est précoce et ne se cache pas. Son franc-parler fait fureur comme le Jumpman à ses plus belles heures. Kyks a pris le pouvoir et le clame haut et fort lorsqu'il s'exprime en mai 2018, l'œil malicieux, le regard froncé, au micro de Canal+ dans l'émission « Intérieur sport » : « Si t'es bon, t'es sur le terrain, t'assumes. Si t'es pas bon, tu vas sur le banc, tu regardes les autres. [...] Moi tu me parles pas d'âge, [...] quand je suis là, tu ne me parles jamais d'âge, tu ne me parles que de foot et de niveau. »

Le jeune Français n'a, là encore, rien à envier à la nouvelle génération de joueurs NBA ambitieux. Il se fait sa place sans se préoccuper des autres. La comparaison avec les grands anciens lui est d'ailleurs de loin favorable : la marque Platini développée par Adidas dans les années 1980 tient de l'Antiquité à côté de ce qu'a développé Mbappé. Reste à voir s'il y aura dans le football, un « effet Mbappé », comme il y a eu un « effet Jordan » en NBA. Quand l'emblématique joueur des Chicago Bulls a pris sa deuxième retraite en janvier 1999, son impact économique était estimé à 10 milliards de dollars

67. Éric Briones, Nicolas André, *Le Choc Z. La génération Z, une révolution pour le luxe, la mode et la beauté*, Dunod, 2020, « CHOC Z n° 3. Le choc business », p. 41-46.

pour la NBA et à 350 milliards de dollars pour l'ensemble de l'économie américaine, comme le rappelle Jean-Philippe Danglade[68]. Pour l'heure, l'influence est plus limitée. C'est davantage Messi et Neymar qui ont boosté les revenus et les réseaux du PSG ces dernières années. Maintenant, c'est à Mbappé de jouer.

L'attaquant du PSG semble savoir ce qu'il fait. Les réseaux et les affaires l'intéressent, il est bien entouré et il connaît. Il pense comme un « entrepreneur de lui-même ». Son produit, c'est lui. Et l'Amérique est un marché qu'il vise. Avec la Coupe du monde 2026 qui se déroulera en Amérique du Nord et Nike comme partenaire, Kyks est en mode VRP. Il se montre dans les arènes de base-ball, de football américain et de basket, et s'expose là où le *sportainment* culmine. Pas folle la guêpe. Déjà partenaire de la NBA en tant que fournisseur de contenus, le joueur prépare l'avenir.

La définition du « teenpreneur[69] » issu de la Gen Z lui serait allée comme un gant, même s'il a grandi depuis. Il

---

68. Jean-Philippe Danglade, *Marketing et célébrités. Comment les marques utilisent les stars pour communiquer*, Dunod, 2013, « Tendances Marketing », p. 35-60.

69. Comme le définit Camille Boisson, « les "teenpreneurs" sont nés avec le digital, véritable outil de diffusion massive. Ce sont des esprits novateurs qui redéfinissent les règles du jeu de l'entrepreneuriat en se battant pour un objectif, un sujet d'intérêt commun. Trop jeunes pour subir la pression et le formatage de la société, ils sont dans l'action plus que la réaction, fonctionnant à l'instinct ». À ses débuts et jusqu'à son arrivée au PSG, KMB était un « teenpreneur ».
Camille Boisson, « TRIBU Z n° 6. Les "teenpreneurs" », *in* Éric Briones, Nicolas André, *Le Choc Z. La génération Z, une révolution pour le luxe, la mode et la beauté*, *op. cit.*, p. 69-175.
https://www.cairn.info/le-choc-z--9782100807062-page-169.htm

se voit d'abord comme « un partenaire qui n'a pas peur de la concurrence, ne doute pas de lui » et pour lequel, si « le salaire est une chose, les responsabilités en sont une autre ». Le PSG a mis du temps à comprendre et peine encore à s'adapter. Avec les Z, c'est simple. Comme l'écrivent Éric Briones et Nicolas André, c'est « Zéro bullshit, que du réel ! » Le contrat, c'est un bout de papier.

Le pouvoir ne se regarde pas, il s'exerce

Chez Kyks, tout compte. Il y a du James Harden dans sa manière de se comporter et de montrer, de manière spectaculaire, ses agacements. Lorsque ce dernier a demandé la tête de Daryl Morey, son manager général, en pleine préparation[70] ou mis son transfert au cœur de l'actualité du club, nombreux sont ceux qui ont fait le parallèle avec le numéro 7 du PSG. Quand le joueur des Los Angeles Clippers a stigmatisé ses anciens partenaires de Philadelphie, à commencer par Joel Embiid, d'autres ont fait le lien avec la relation entretenue par l'attaquant parisien et Neymar, son coéquipier parti depuis en Arabie saoudite à Al-Hilal et ses critiques autour de son hygiène de vie[71]. Au lendemain de la victoire du PSG contre Lille en

70. En pleine préparation en Chine durant l'été 2023, James Harden a déclaré : « Daryl Morey est un menteur et ne je ferai jamais partie d'une franchise dont il fait lui aussi partie. » Il a obtenu gain de cause en étant transféré mais il a été sanctionné de 100 000 $ d'amende par la NBA pour avoir publiquement exprimé sa volonté de quitter sa franchise des Philadelphia Sixers.

71. https://www.huffingtonpost.fr/sport/article/mbappe-visait-il-neymar-avec-ses-remarques-sur-l-hygiene-de-vie-il-repond_214288.html

février 2023, le conseil adressé à ses coéquipiers de « bien dormir, bien manger » n'avait pas été compris de la même manière par tout le monde.

Il faut bien reconnaître que la communication de l'attaquant n'est jamais vaine. Elle a toujours une visée politique, celle de faire passer ses messages. Autrement, le joueur ne s'exprime pas. La rareté de ses prises de paroles assure leur efficacité. Noël Le Graët le sait mieux que quiconque. Personne n'a oublié l'importance de Mbappé dans le débarquement de l'ancien président de la Fédération française de football (FFF). Un tweet a suffi. Sur la question des droits à l'image chez les Bleus, son activisme a aussi porté ses fruits et il a conduit à une nouvelle convention avec la FFF. Le joueur a du poids et il sait s'en servir.

Mbappé sait ce qu'il vaut et Kylian obtient ce qu'il veut. Au risque de créer des frictions voire des tensions. Le rapport de force et la polémique sont un outil pour le joueur de Bondy et ils ne sont jamais de trop lorsqu'on parle affaires. Nous sommes entrés dans l'ère du *player empowerment*. Peu importent les circonstances, les moyens ou les conséquences : les superstars du sport obtiennent ce qu'elles veulent et le management de leur ego s'impose comme un art.

Entre son usage spectaculaire des réseaux sociaux comme l'a montré le psychodrame du #pivotgang[72] ou l'expressivité de son visage quand il décide de ne pas célébrer

72. Après un match nul du PSG à Reims en octobre 2022, Kylian Mbappé s'était fendu d'un message qui avait suscité la polémique sur Instagram à propos de son utilisation sur le terrain, pointant du doigt l'organisation tactique de Christophe Galtier et une position qu'il affectionne peu.

ses buts, le joueur parisien est un « talent ingérable[73] ». Pour l'économiste David Gluzman, « il est impossible de le manager comme les autres puisque c'est lui qui est déterminant. Son pouvoir est tel qu'il est difficile de faire autrement. » Or son caractère ombrageux s'exprime de plus en plus. Et l'unanimité des débuts se fendille progressivement. Thomas Tuchel, l'ancien coach du PSG, a pointé du doigt cette tendance chez la superstar. Dans un entretien donné à *Bild* en décembre 2023, il dénonce à fleurets mouchetés la tendance du jeune homme à faire passer ses intérêts avant ceux du collectif : « Le problème, c'est quand la superstar ne rend rien au groupe ou ne montre pas de respect. Certains ont aussi besoin d'être mis en avant, il ne faut pas les rendre plus petits qu'ils ne le sont. » En désignant notamment, à mots couverts, le Bondynois, le coach du Bayern Munich a souligné autant le caractère marqué du joueur que son égocentrisme.

Récemment, le joueur parisien a été également éreinté par Luis Enrique, son nouvel entraîneur au PSG. Après un triplé face à Reims en novembre 2023, le coach espagnol s'est montré critique : « Je ne suis pas très content de Kylian aujourd'hui. Sur les buts, je n'ai rien à dire. Mais je pense qu'il peut aider l'équipe plus, d'une manière différente. On pense que c'est un des meilleurs joueurs du monde, il n'y a pas de débat là-dessus. Mais on a besoin de plus, et on veut qu'il fasse plus de choses. » Entre ses entraîneurs et lui, les relations sont parfois compliquées. L'intérêt collectif est souvent relégué au second rang des priorités.

---

73. Il faut entendre « talent ingérable » au sens de la théorie de la pyramide des talents développée par Christophe Chenut dans *Ingérables ! Comment manager vos talents en entreprises ?*, Bréal, 2018.

On voit de plus en plus ressortir, au fil de ses années à Paris, sa propension à la bouderie. Elle lui avait valu le surnom de « Mbébé » chez les jeunes et elle le suit encore aujourd'hui. Mais se limiter à ce seul trait de caractère est réducteur. Kylian Mbappé sait qu'il est un *franchise player* à Paris. Il est plus qu'un joueur, c'est le *most valuable player* du club. Une fois Messi et Neymar partis, il est le visage de Paris et son principal asset marketing.

En coulisse, son influence est réelle. Chacune de ses prises de position est vécue comme une révolution potentielle. Il sait communiquer et il s'en sert. D'aucuns regrettent ce côté éruptif et révolutionnaire. Pour Paolo Di Canio, l'ancien attaquant sulfureux de la Lazio, les « crises de colère » du capitaine de l'équipe de France sont à déplorer. Au micro de Sky Sports Italia, en juillet 2023, il va même plus loin. Il souligne la trop grande importance accordée au joueur par l'institution que devrait être le club : « Le PSG s'est mis dans cette situation, l'a choyé et il est devenu une marque mondiale. Le club est déjà tombé dans le panneau l'année dernière et maintenant Mbappé continue de faire des siennes. On peut parler des erreurs du PSG mais il y a aussi l'indécence du garçon. J'appelle ça de l'indécence parce qu'il en a déjà profité l'année dernière et maintenant il veut jouer un an et partir ensuite comme agent libre pour gagner de l'argent au Real Madrid. » Pour l'Italien, l'attitude du Français est « une honte absolue », témoignant d'une absence d'éthique et de respect « après avoir gagné 200 ou 300 millions d'euros ». Si les propos de Di Canio peuvent prêter à sourire quand on connaît le joueur et son passé, ils soulignent néanmoins une dimension clivante qui accompagne dorénavant le Francilien. Sa cote de popularité reste haute, mais depuis 2019 elle baisse de manière tendancielle indépendamment des victoires et des résultats, que ce soit en club ou en sélection. Alors qu'il détenait la quatrième place dans le classement des personnalités préférées des Français jusqu'en 2023, Kylian est désormais vingt-deuxième[74].

Plus qu'un joueur

Dans le rapport très NBA que l'attaquant des Bleus entretient avec le football, l'argent revêt une tout autre importance. Elle correspond à une réalité de marché mais aussi à une capacité à agir sur le monde. Dans la grande ligue américaine comme dans le football européen, le joueur est d'autant plus valorisé qu'il apporte quelque chose qui dépasse le nombre de points ou de buts qu'il a marqués. Sa responsabilité est liée à ce qu'il est et à ce qu'il représente.

Sa capacité financière et son poids économique offrent au jeune francilien la liberté de choisir, le luxe de pouvoir décider. Mais ce qui importe véritablement, c'est ce qu'il en fait. Pour Kylian Mbappé, le sport est un moyen d'expression capable de dépasser les bords des terrains. Il a intégré les codes de l'engagement à l'américaine et il a la puissance et la surface économique et médiatique nécessaires pour le faire. À sa manière, on le voit exercer son « pouvoir de changement » de manière progressiste, parfois protestataire. À l'image des acteurs de la NBA, il a fait consciemment du football une plate-forme pour ses

74. Baromètre Ifop/*JDD* des 50 personnalités préférées des Français.

causes, une scène pour ses valeurs. Chacune de ses sorties révèle sa vision de la place qu'il doit occuper dans le monde. Pour l'heure, le joueur du PSG n'a pas multiplié les fêtes, les scandales ou les achats de voitures de luxe. Il est plus qu'un « spectateur engagé ». Il fait l'opinion, participe à sa formation dans l'espace public.

Il met son talent dans le sport au service des causes qu'il souhaite défendre, comme ont su le faire les joueurs de NBA en plein confinement – en s'affichant de manière solidaire au cœur de la bulle d'Orlando en Floride, ces derniers avaient montré leur engagement en faveur du mouvement Black Lives Matter. À chaque match, avec le soutien de la NBA, ils avaient dénoncé les inégalités raciales et les violences policières outre-Atlantique.

Évidemment, cela fait réagir et provoque des critiques, mais ce n'est pas son affaire.

À jamais le premier

Pour François da Rocha Carneiro, l'historien des Bleus, Kylian Mbappé est « le premier sportif américain français. Tony Parker n'a jamais eu sa surface médiatique ». Benzema ou Zidane non plus, malgré leur talent et les titres qu'ils ont amassés. « L'autre exemple, c'est Victor Wembanyama. On verra ce que ça va donner dans cinq à dix ans mais, aujourd'hui, il semble être le seul à prétendre au même niveau de notoriété et ce sera dans la ligue qui domine le sport mondial aujourd'hui. Il y a une attente démentielle autour de Wemby. La NBA en a fait un de ses atouts. Elle a même acheté exprès pour lui les droits de ses matchs lorsqu'il jouait à Boulogne-Levallois. Mbappé, c'est pareil.

Aujourd'hui, le PSG tourne autour de lui, c'est devenu le Mbappé SG. Les deux sont français mais ils pensent et agissent comme des sportifs professionnels américains. Ils ont cette envie de performer mais aussi cette volonté de redonner. »

Son partenariat avec la NBA et son contrat avec Nike vont dans ce sens. Il est dorénavant plus qu'un footballeur. Sa proximité avec les autres stars NBA comme Kevin Durant ou LeBron James disent beaucoup de ce qu'il est devenu. C'est simple, Kylian Mbappé est un joueur NBA qui évolue en Ligue 1.

9

La France que nous voudrions voir

Kylian Mbappé est plus qu'une icône française. Il est devenu au fil des ans l'un des visages de la France, l'incarnation du pays. Lui-même est conscient de représenter quelque chose qui le dépasse. Dans son interview à *L'Obs* en juin 2021, le capitaine des Bleus explique son lien à la nation et l'importance qu'il y accorde : « Je suis fier de représenter mon pays, c'est quelque chose de fort. Je disais que ça créait des droits, des devoirs, mais c'est une fierté aussi, parce que c'est synonyme d'une reconnaissance, celle de tout un pays. Pour quelqu'un qui aime son pays comme moi, c'est une fierté sans nom[75]. »

Il est celui qui incarne

Une telle prise de position de la part d'un si jeune footballeur est rare. Dans une interview donnée à « Tout le sport » le 28 décembre 2023, le joueur a réitéré :

75. https://www.nouvelobs.com/sport/20210602.OBS44795/exclusif-kylian-mbappe-se-confie-a-l-obs-je-connais-le-poids-de-mes-mots-et-de-mes-actes.html

« Je suis un citoyen, j'ai des positions. J'ai des valeurs que je défends. J'ai des droits que je veux faire valoir. Je l'assume et je le revendique. Mais je ne me prends pas pour plus que je suis. [...] On pense que c'est moi qui fais tout, que c'est moi qui fais l'équipe, qui dit ce qu'il faut faire, qui doit faire quoi... J'adore être investi et engagé, mais la base de tout, c'est que je suis joueur de foot. Il ne faut jamais se méprendre sur ce que je suis[76]. » Le ton est donné, le message est martelé. Kylian Mbappé représente la « nouvelle France » comme il aime à la définir.

Pour François da Rocha Carneiro, l'historien des Bleus, il « pourrait très bien être la Marianne qu'on met dans les mairies. On n'a pas de Marianne masculine, mais il y a quelque chose chez lui qui rassemble, bien au-delà du football. Il a pris une place qu'on ne donnait pas au footballeur avant. Il profite d'une image policée, très douce et maîtrisée. Il sait très bien s'exprimer et il a échappé aux grands scandales autour de l'équipe de France. Le contrôle de son image est absolu, très construit. Il s'affirme de manière extrêmement professionnelle. » Avec lui, il n'y a pas de débordement, pas d'excès ou d'alcool par exemple. Il affiche un choix marqué dans ses partenariats et un engagement citoyen auprès d'associations comme Premiers de Cordée ou sa fondation Inspired by KM. Le joueur se veut tellement exemplaire par moments que le moindre écart ou un simple énervement entraînent des réactions outrées, rappelant qu'un capitaine des Bleus ne devrait dire ou faire cela. Mais ce n'est que la rançon du succès. L'attaquant des Bleus est devenu un symbole.

76. https://x.com/francetvsport/status/1740489534616559788?s=20

Celui de la France qui gagne et qui revendique de le vouloir.

Retraçant la trajectoire du jeune homme, ses performances dans le contexte de la sélection, François da Rocha Carneiro revient sur ses sorties médiatiques et certains de ses grands moments en Bleu. Pour l'historien des Bleus, « Kylian Mbappé a l'image d'un sportif extrêmement compétent. Mais cela va plus loin. Il y a quelque chose du génie qu'on trouve en France. Du génie littéraire, du génie artistique, ici c'est du génie sportif. Il y a chez lui quelque chose qu'on voit tous. Cela relève du génie, d'un talent qui va au-delà des talents ordinaires. Mbappé, c'est un génie français. Il y a, chez lui, cette volonté d'être et d'aller chercher autre chose. »

Comme nous l'a rappelé à son tour Hugo Billard, l'importance de Kylian se lie aussi à la France qui tient son rang, « à ces moments qui restent uniques et rassembleurs » comme la victoire de 2018 ou la finale de la Coupe du monde 2022 à Doha. Il incarne le pays au travers du jeu. « Une sorte d'exclusivité s'est construite entre lui et la nation. Il est au cœur de ces moments festifs. Et comme il donne son corps à la nation dans la victoire comme dans la défaite, il devient plus qu'un grand footballeur. À la tête de l'équipe de France, il est nationalisé par les Français, et derrière il est récupéré par les politiques et les médias. Il incarne autant qu'il est accaparé. » Mbappé est un « vecteur d'enthousiasme collectif », mais il va plus loin : « Il contribue parmi d'autres choses à assurer la stabilité et l'unité de notre société. »

Le génie français

Dépeignant l'exceptionnel, l'expression « génie français » s'est ainsi imposée d'elle-même. Elle est revenue dans nombre de conversations. Sans qu'on la suggère, beaucoup de nos interlocuteurs l'ont utilisée spontanément. Sans ironie ni mauvais esprit. Parler de « génie français » peut paraître saugrenu. Certains diront que c'est excessif. D'autres l'associeront à l'une des sorties de Stéphane Guy, l'ancien journaliste de Canal+ aujourd'hui chez RMC. Nous en sommes loin. Pourtant, tous ceux que nous avons rencontrés ont simplement qualifié ainsi le prodige à l'œuvre.

Mbappé se place, selon la majorité d'entre eux, au même rang que les grands talents que notre pays a offerts au monde. Loin de toute distinction. Entre Victor Hugo, Benjamin Millepied ou Nicolas de Staël, voici Kylian qui propose ses inspirations. À la manière d'un danseur étoile, d'un chorégraphe ou d'un créateur, il incarne le pays. Sa matière, c'est son jeu. Et sa singularité tient à tout ce qu'il construit autour. Son goût pour l'expressivité fait le reste. Kyks est un artiste à sa manière. Le visage d'un certain savoir-faire national, le produit d'une fabrique des talents à la française.

Il démontre à sa façon que le footballeur peut sortir de son assignation sociale et sportive mais aussi du carcan du corps pour être aussi un cerveau, une force capable de penser.

Dans l'imaginaire, le génie Mbappé, c'est l'anti-Ribéry, celui dont beaucoup se sont cruellement moqués, à tort, pour le renvoyer à ses origines et à sa condition de footeux.

Avec Mbappé, c'est différent. Yves Jaeglé, le journaliste du *Parisien*, développe : « Dans l'inconscient collectif, Mbappé incarne quelque chose d'assez particulier, il est au carrefour de tout ce que nous sommes. Cette position lui donne une ouverture, une indépendance, une liberté uniques. » Comme un rappel à la diversité française et au côté frondeur souvent associé aux Français, Kylian personnalise le pays, celui d'aujourd'hui. Il est l'une des images positives de la France.

Celui qui délivre

Il y a quelque chose du maréchal Foch chez Kylian Mbappé. Comme une mentalité partagée. Pour le stratège français comme pour le joueur des Bleus, « accepter l'idée d'une défaite, c'est être déjà vaincu ». Ce refus de la fatalité se traduit par une prise de responsabilité assumée, presque permanente, et la volonté d'être la solution aux problèmes. Et parfois de chercher à être la seule.

Qu'il soit capable de signer un triplé en finale de Coupe du monde à Doha ou qu'il manque le penalty décisif contre la Suisse lors de l'Euro 2020, il veut être celui sur qui on compte, celui qui délivre, dans tous les sens du terme. Laura Georges, secrétaire générale de la FFF et ancienne internationale, parle très bien de cette facette du prodige de Bondy. « Vous me demandiez la différence entre Kylian Mbappé, Thierry Henry et Michel Platini. Mbappé est celui qui dit : "Je m'occupe de tout.[77]" » Il

77. https://www.programme-television.org/news/sport/football/kylian-mbappe-la-petite-pique-envoyee-par-gary-lineker-aux-admirateurs-de-l-attaquant-francais-4698462

est la réponse. Celui qui sauve. Il a ce côté gaullien du Français qui assume et fait face, seul, au mauvais destin[78]. Il est celui qu'on appelle quand il n'y a plus aucun espoir. Même si cela se limite encore au terrain, Kyks est un homme de moments.

Amélie Oudéa-Castéra replace le joueur dans sa génération. Pour elle, il est « le leader d'une génération qui a la gagne ». Il l'emmène. Elle lui ressemble. « Antoine Dupont a la gagne, Romain Ntamack a la gagne, Wembi a la gagne, Léon Marchand a la gagne… » Il est le représentant de cette « France nouvelle » qui pense autrement et qui veut gagner sans avoir à en demander le droit. Cette génération qui avance, qui ouvre la voie et ne se pose pas la question du poids du passé ou de l'effort à faire. Kyks est dans la lignée de ces personnages d'exception qui jalonnent notre histoire, il est de la trempe de ces sportifs et des hommes providentiels que les Français affectionnent tant. Ceux qui se révèlent quand l'époque et le sort les appellent. Kylian veut être un repère. Il le revendique lui-même. Quelques semaines avant la Coupe du monde 2018, il déclarait au *Monde* avec ce ton direct qui le caractérise : « Je veux incarner la France, représenter la France et tout donner pour la France. Lorsque vous donnez tout pour votre pays, vous pouvez avoir de belles choses qui arrivent[79]. »

---

78. Charles de Gaulle, *Mémoires de guerre*, tome I : *L'Appel, 1940-1942*, 1954.

79. https://www.lemonde.fr/mondial-2018/article/2018/07/13/kylian-mbappe-je-veux-tout-donner-pour-la-france_5330713_5193650.html?utm_campaign=Echobox&utm_medium=Social&utm_source=Twitter#Echobox=1531486218

Pour Simon Kuper, le journaliste du *Financial Times* et auteur de plusieurs livres sur le football, il n'y a pas de doute : Kylian Mbappé est « un héros de la République ». L'homme qui veut laisser sa marque dans l'histoire[80]. Notre collègue anglais a tout compris. Kylian Mbappé est « la solution ».

La France telle qu'on aimerait qu'elle soit

Mbappé est aujourd'hui l'un des visages apaisés de notre pays. Il est la figure emblématique d'une France diverse, nouvelle et positive. L'icône d'une France qui gagne et s'en porte bien. Il fait partie de ceux qui rassemblent le pays au-delà des divisions qui nous dépassent. Pour Roland Lescure, le ministre de l'Industrie et grand fan du PSG, « au fond, Kylian Mbappé, c'est même mieux que ça. C'est la France telle que j'aimerais qu'elle soit. C'est la France telle qu'on aimerait qu'elle soit plutôt que la France telle qu'elle se montre. Kylian, c'est la France pour laquelle on doit tous se battre. L'image de la France aujourd'hui, c'est à la fois Mbappé, les émeutes, les manifestations, les grèves et toutes les autres choses qui passent le mur du son et font la une du *New York Times*, des faits divers à Notre-Dame qui brûle. On aimerait que l'image de la France renvoie à celle de Mbappé plus qu'à celles des crises et des violences qui vont avec. Mbappé est au cœur de cette tension » entre deux visions que nous donnons de

80. Simon Kuper, « Kylian Mbappé, Star Striker Who Yearns to Leave his Mark Beyond Football », FT.Com, 17 dec. 2022. https://www.ft.com/content/35e2ebb1-2d2a-4b8a-a7e4-49117b82a479

nous-mêmes. Dans un monde de plus en plus polarisé par les réseaux sociaux comme Twitter, Mbappé est une chance.

Mais ce n'est pas tout. L'image de l'attaquant français n'est pas simplement positive. Elle engage. Depuis 2018, il participe à ce vent de fraîcheur qui souffle sur une France qui a peur d'elle-même, qui se morfond dans sa hantise d'un déclin qui ne vient pas.

Ses paroles et son corps renvoient à la représentation du corps social et à l'image que la société française se donne d'elle-même. Mbappé se fait à la fois miroir et écran. Son histoire, le récit qu'il nous sert forment comme une résistance au désespoir ambiant, une réponse au déclinisme latent. Tout est politique dans son expression et il le sait. Il est le premier à défendre le pays et à l'incarner. Chez nous comme à l'étranger. Le joueur en est conscient : « Il ne faut pas voir la France plus noire qu'elle ne l'est ! Je pense bien sûr qu'il y a des problèmes dans le pays, mais je vous jure, moi qui ai la chance de beaucoup voyager, qu'on est dans un très bon pays. » La parole se veut performative, elle est là pour persuader, pour convaincre.

Une autre France

Thibaud Leplat, le philosophe et auteur de *La Magie du football*[81], est plus nuancé sur la figure politique qu'incarne Mbappé. Pour lui, Kylian ne représente pas toute la France. Il renvoie à une certaine conception du pays. Il est le visage d'une élite, d'une frange qui réussit, celle de la « nouvelle

81. Thibaud Leplat, *La Magie du football*, Marabout, 2019, Paris.

France, une France intégrée et qui s'épanouit dans la mondialisation. Une France optimiste qui pense l'intégration comme une opportunité. Mbappé y est une sorte de comète que l'on suit. Il apparaît comme celui qui va nous aider à approcher le XXIe siècle instable, celui qui peut nous guider malgré des horizons inquiétants. Avec enthousiasme, avec la croyance dans le travail, dans la méritocratie et dans la multiplication des initiatives privées. »

Le joueur est un exemple de transclasse avec ce que cela signifie. Comme l'écrit la philosophe Chantal Jaquet, « il est de ceux qui font mentir la loi de la reproduction sociale prégnante dans le pays, s'arrachant de leur condition d'origine pour conquérir un pouvoir souvent logé dans les strates sociales plus élevées[82] ». Mbappé n'a pas oublié d'où il venait mais il a quitté son milieu d'origine pour rallier les 1 % de Français les plus riches du pays.

« Il est un pur produit d'une certaine forme de capitalisme sportif qui est aujourd'hui érigé en symbole politique », rappelle Thibaud Leplat. Il contribue à disrupter le pays et le monde d'avant. En cela, « il correspond à une autre vision de la France. Celle où les sportifs ont peu à peu remplacé les autres symboles qui représentaient la nation comme les généraux, les hommes d'État et les intellectuels. » Et Mbappé a pris un peu de cette place où la grandeur française s'exprime. Sur le papier, en tout cas. « Reste à savoir s'il représente plus que lui-même. Est-ce une exception ou un précurseur ? Annonce-t-il une vague de nouvelles comètes comme lui pour faire entrer la France dans le monde qui vient ? Nous le saurons vite. »

---

82. Chantal Jaquet, *Les Transclasses ou la non-reproduction*, PUF, 2014.

L'homme qui referme les fractures françaises ?

Une chose pourtant s'est imposée. Qu'on le veuille ou non, Kylian Mbappé est un rassembleur si l'on en croit nos interlocuteurs et les dernières études d'opinion. Il est fédérateur comme aucun autre footballeur ne l'a été. Il semble incarner plus que le capitaine des Bleus. Malgré ses hésitations et ses sautes d'humeur, pour beaucoup, il n'est pas le Français de l'année mais celui de la décennie. Cela étant, si l'on en croit Jérôme Fourquet, Kyks est davantage l'expression d'une France archipelisée que rassemblée.

Dans *L'Archipel français*[83], le sociologue signale un « changement de climat radical par rapport à la victoire de 1998[84] : la proposition de ceux qui pensaient que la victoire des Bleus pouvait "améliorer les relations entre les Français issus de l'immigration et les Français non issus de l'immigration" est passée de 54 % en 1998 à seulement 24 % en juillet 2018. » Pour lui, « la France de Mbappé n'est plus celle de Zidane… » Ici s'arrête le pouvoir du football et de Kylian.

Au contraire, le constat qu'il pose est celui d'une fragmentation progressive. « Les îles et îlots de l'archipel se dessinent de plus en plus nettement. » Jérôme Fourquet poursuit : « En juillet 2018, au soir de la victoire des Bleus, des foules extrêmement bigarrées ont

---

83. Jérôme Fourquet, *L'Archipel français. Naissance d'une nation multiple et divisée*, Le Seuil, 2019.
84. Jérôme Fourquet, « L'archipélisation de la société française », *Commentaire*, n° 166, 2019/2, p. 439-441.
https://www.cairn.info/revue-commentaire-2019-2-page-439.htm

fait la fête un peu partout en France. Mais, comme lors du carnaval au Brésil, cet épisode a été vécu, plus ou moins consciemment, comme une parenthèse enchantée. La société n'est pas dupe, elle sait au fond d'elle-même qu'elle est très divisée. »

« Liberté, Égalité, Mbappé » est un slogan qui n'a duré qu'un été en 2018. La génération Mbappé n'est pas celle de la « bande à Zidane » ou de cette France « black-blanc-beur » que l'on a fantasmée lors de l'été 1998. La France post-raciale n'est pas plus une réalité vingt ans plus tard. Le fossé s'est même creusé comme l'ont montré les émeutes de 2023. Jérôme Fourquet insiste : le « remake sonnait en partie faux. Interrogés à chaud sur l'état du pays quelques jours seulement après la victoire des Bleus en 2018, les Français ne semblaient déjà plus être en communion avec l'United Colors. Seuls 8 % des sondés estiment alors que les différentes catégories sociales et communautés pratiquent au quotidien le vivre-ensemble en se côtoyant et en échangeant les unes avec les autres. » Le rêve est passé. « À l'inverse, 35 % des sondés pensent que les différentes catégories sociales vivent les unes à côté des autres sans trop de tensions mais sans véritablement se côtoyer. Quant aux 57 % restants des sondés, ils sont encore plus pessimistes. Pour eux, des tensions existent entre les différentes catégories sociales et communautés qui vivent de manière séparée[85] »… La France réconciliée, celle de la génération Mbappé, n'est pas (encore) une réalité.

---

85. https://www.cairn.info/revue-commentaire-2019-2-page-439.htm

Vingt-cinq ans plus tard, les paroles de Jacques Chirac résonnent encore à nos oreilles comme un écho à notre réalité : « Le vrai combat de la France, le beau combat de la France, est celui de l'unité, celui de la cohésion. » C'est son défi permanent. « La France est riche de sa diversité ! », aimait à rappeler l'ancien Président. Mbappé en est le visage et l'image. Mais cela n'obère pas les tensions qui s'affirment, les écarts qui se creusent.

Le génie français touche ici à ses limites de citoyen. Et ses buts n'y pourront rien changer.

10

Mbappé, premier homme politique de France

Certains s'en souviennent. Ils l'érigent en totem d'un engagement politique pourtant à peu près feint, pas vraiment désiré, du moins sur la réserve. D'autres n'en ont jamais entendu parler. Ou ils l'ont vite oublié. Il s'agissait d'un murmure, d'une obligation presque, au vu du contexte des premières élections où un Le Pen accédait au second tour de l'élection présidentielle. Zinédine Zidane n'avait pas envie de parler et de se positionner au soir du 21 avril 2002. La France avait placé Jean-Marie Le Pen au second tour face à Jacques Chirac. L'obligation l'a emporté. La qualification de l'extrême droite est un tremblement de terre dans un pays où les souvenirs du siècle dernier hantent encore les mémoires. Comme un rappel douloureux de ce passé qui ne passe pas. Le Front national en finale, et la star nationale, face à lui. Le héros quatre ans plus tôt le temps d'une soirée éternelle est placé face à ses responsabilités. Il s'exprime finalement. « Ce n'est pas possible, ce n'est pas jouable », assène-t-il depuis Madrid, au sujet d'« un parti qui ne correspond pas du tout aux valeurs de la France ».

Quinze ans plus tard, toujours depuis la capitale espagnole où il officie cette fois sur le banc de touche du Real Madrid, la situation est la même, le discours n'a pas changé. Ce n'est plus Jean-Marie mais sa fille Marine. En face du clan Le Pen, ce n'est plus Jacques Chirac mais Emmanuel Macron. « Le message, c'est toujours le même, celui de 2002. Je suis loin de toutes ces idées-là, de ce Front national. Donc il faut éviter au maximum ça. Les extrêmes, ce n'est jamais bon », répond-il à une question posée en conférence de presse d'avant-match. Tel est Zidane, ce fils de parents immigrés algériens, toujours très à l'écart du débat politique, toujours attentif à ne pas être récupéré. Sollicité dans ce cas comme l'ensemble des grandes figures sportives et culturelles tricolores, il répond comme il se doit avant de refermer la page d'un engagement éphémère.

Le philosophe Raymond Aron disait que « le choix politique n'était pas entre le bien et le mal, mais entre le préférable et le détestable ». Zizou s'y cantonne. Il était un joueur de classe mondiale, un numéro 10 d'une vista remarquable avant de devenir un entraîneur à succès. Il a été le symbole de la génération triomphante « black-blanc-beur » de 1998. Une formule qui vole en éclats le soir de France-Algérie en 2001[86]. C'est essentiellement ainsi que l'on se souviendra de lui. L'homme d'une génération, un joueur de tête et de coups de folie.

86. Le 6 octobre 2001, lors du match France-Algérie retransmis en direct à la télévision, une centaine de supporters algériens ont soudain envahi la pelouse du Stade de France, entraînant l'arrêt brutal du match.

Le crack de Bondy est d'un tout autre acabit. En décidant de s'exonérer du droit de réserve que s'imposent habituellement les sportifs de son rang, Mbappé veut exister, pour ne pas dire peser. « Le portrait de Mbappé se construit en opposition à celui de Zidane. Lui, c'est la discrétion, il parle peu. Mbappé, il ouvre sa bouche, il dit les choses. Il ne se réfugie derrière personne. C'est un acteur à part entière », confirme Frédéric Dabi, directeur général de l'institut de sondage IFOP.

Nous sommes le 28 juin 2023 et la réaction tant attendue tombe. Sur Twitter, l'attaquant du PSG se fend d'un message cinglant au lendemain de la mort du jeune Nahel causée par le tir d'un policier à Nanterre. « J'ai mal à ma France. Une situation inacceptable. » Le sujet agite la société et enflamme les débats. Le climat social est délétère. Les émeutes urbaines s'apprêtent à frapper la France. Mbappé aurait pu ne rien dire, attendre que la situation se calme, ne pas prendre le risque de se mettre une partie du pays à dos, chose qu'aurait sûrement faite l'auteur du doublé en finale de Coupe du monde 1998. Mais non. Le tempérament et la volonté sont tout autres.

« J'ai envie de me battre contre toutes les discriminations, toutes les violences, mener tous les combats que j'estime justes et nécessaires. Il y a des choses qui touchent mes valeurs, mon éducation. Depuis le départ, j'ai toujours dit, et je le répète pour ne pas que les gens oublient : je me battrai pour ce que je pense être juste sans me contenter simplement de jouer au foot. Car aujourd'hui, j'ai une parole qui compte. Il ne faut pas surestimer ma voix mais ne pas la sous-estimer non plus. Il faut prendre la parole à bon escient, quand c'est nécessaire », justifie-t-il quelques jours plus tard dans le magazine *France Football*. Collectionner les titres et les distinctions ne lui suffit pas. Être un acteur à part entière de la société est son autre ambition. « Je suis né en France, j'ai grandi en France, la France m'a tout donné. Et j'essaie de le lui rendre chaque fois que je joue pour l'équipe nationale. » Hors du commun sur le terrain, le numéro 7 parisien l'est aussi en dehors.

Jusqu'à faire sortir du bois un Président, qui parlera d'acte « inexplicable » et « inexcusable » du policier à Nanterre, quelques heures après la réaction de l'attaquant.

Jusqu'à faire virer un président… de fédération ! Le 8 janvier 2023, le président de la FFF Noël Le Graët, alors interrogé à propos d'une éventuelle succession à Didier Deschamps sur le banc des Bleus, déclarait sur RMC : « Zinédine Zidane, je ne l'aurais même pas pris au téléphone […] J'en ai rien à secouer, il peut aller où il veut. » Dans les minutes qui suivaient cette sortie de route, Mbappé mettait tout le monde d'accord : « Zidane c'est la France, on manque pas de respect à la légende comme ça… » Le sort de son futur ex-président était scellé. Tel est Kylian Mbappé.

À 25 ans, il n'en est pas à son coup d'essai. En 2020, il avait déjà fait part de son indignation à la suite du passage à tabac du producteur de musique Michel Zecler, au cours d'une interpellation policière à Paris. Il se risque aussi à élargir son champ un an plus tard en pleine pandémie, s'affichant vacciné contre le Covid-19. Un positionnement tout sauf anodin alors que les réfractaires au vaccin étaient nombreux. Avec ou sans crampons, Mbappé fonce. Ça passe ou ça casse. « C'est un homme qui exprime des convictions sur certains sujets qu'il choisit, et qui a énormément d'audience. En France, il y en a eu, mais après leur carrière sportive. Douillet, Lamour, Thuram, etc., mais en général en France on fait l'un puis l'autre. Alors c'est vrai qu'en Amérique du Nord, et singulièrement aux États-Unis, il y a des sportifs qui se sont impliqués de manière importante dans les combats politiques depuis toujours. Mohamed Ali par exemple. Le mouvement Black Lives Matter a été l'occasion pour un certain nombre de sportifs de s'impliquer. On dit qu'il choisit ses causes, mais en général, les sportifs choisissent leurs causes. C'est plutôt bien. C'est-à-dire qu'ils n'ont pas vocation à être Premier ministre, mais ils ont vocation à se saisir de quelques causes qui les intéressent. Ils peuvent les porter parce qu'ils ont une caisse de résonance importante. Quand des personnalités s'impliquent en politique en émettant des opinions et des convictions, je suis parfois extrêmement gêné par le fait qu'ils le font de manière un peu superficielle. Je m'explique. Il y a aujourd'hui des acteurs et des actrices qui s'impliquent dans la cause environnementale et ça ne les empêche pas d'aller faire de la pub pour je ne sais quelles grandes marques de luxe mondial… Donc je suis un peu gêné par ce côté-là et j'ai l'impression que quand Mbappé choisit quelque chose, c'est vraiment par conviction. C'est au fond soit parce qu'il a bossé, soit parce qu'il a une bonne intuition qu'il le fait. Il est l'homme de son temps », nous confie le ministre délégué chargé de l'Industrie, et fan de football, Roland Lescure. L'homme de son temps.

Et si l'une des explications, au-delà de son intelligence naturelle, se situait ici ? Mbappé est le personnage fort de la nouvelle génération. C'est l'enfant de Bondy, issu de l'immigration mais élevé en France, formé en France, fier d'être français et le revendiquant. Le modèle, qui n'a rien à voir avec ses illustres prédécesseurs, Zidane et Platini, partis à leur époque faire le bonheur du Real Madrid et de la Juventus. Pour l'heure, il est le joueur phare du plus grand club de son pays. Champion du monde, il l'a été au PSG. Finaliste quatre ans plus tard, il est encore à Paris. Ses combats politiques et prises de position l'ont été dans la Ville Lumière. Mbappé est un symbole de patriotisme au sens le plus noble du terme. La France, il l'aime et l'assume. Sans polémique ni arrière-pensées. « Il relève plus du patriotisme américain que du patriotisme français », appuie le journaliste politique Bruno Jeudy. Est-ce pour cette raison que Kylian Mbappé a obtenu dix voix à Tallenay, petit village du Doubs (425 habitants) lors du second tour de l'élection présidentielle, et plusieurs autres à travers la France ?

Il est en tout état de cause l'incarnation d'un idéal, d'une jeunesse dorée et souhaitée. Il en devient de fait inattaquable par les représentants politiques et ses opposants potentiels.

Contrairement à son père à la fin des années 1990[87], Marine Le Pen s'est toujours positionnée de manière extrêmement prudente sur le terrain du foot. La peau métisse de Kylian, résultant de ses origines algériennes et camerounaises, n'est pas un angle d'attaque et le distingue une nouvelle fois d'autres avant lui. « Zidane avait été attaqué. Yannick Noah et Platini l'avaient été. Platini avait été accusé à la fin des années 1970 de vouloir passer de l'autre côté, rejoindre le pays de ses ancêtres, il était déjà en négociation avec la Juventus et on l'a attaqué là-dessus. [...]

87. Il avait affirmé en 1996 que l'équipe de France était trop colorée.

Il y a la question aussi du rapport à la France, c'est le seul à s'être présenté ces dernières années comme un patriote mais sans le vernis nationaliste de l'extrême droite. Il s'est dit je suis la France, j'aime la France, je veux servir mon pays. Le récit national, il en fait partie et il en est un des exemples. Il fait partie des grands personnages glorieux du présent », appuie François da Rocha Carneiro, spécialiste de l'histoire du football français. Un patriotisme qui est le fruit d'une éducation dans l'idéal républicain[88], qui se traduit par une obsession : marquer l'histoire des Bleus et du Paris Saint-Germain par le mérite et par l'exemple. Dans les deux cas, c'est réussi. Champion du monde puis finaliste avec les premiers, meilleur buteur de l'histoire du second.

Ses origines et son enfance banlieusarde conjuguée à cet amour du drapeau le rendent irrécupérable d'un côté ou de l'autre. Dans *L'Obs*, en 2021, il assumait : « Mon amour de la France n'est plus à prouver. Jouer pour la France, c'est au-dessus de tout. [...] J'ai toujours été éduqué avec cette forme de reconnaissance pour la France, parce que la France, elle fait des choses pour les gens, et à moi, à ma famille, elle a beaucoup donné, insiste notamment le joueur. Donc il faut être fier de son pays. Les Américains sont fiers d'être Américains. Pourquoi les Français ne sont-ils pas fiers d'être français ? » Patriote, sans être étiqueté facho. « Il tweete quand Gasly et Quartararo gagnent, lorsque Lyon se qualifie en demi-finale de Ligue des champions en 2020 en moquant les détracteurs de la "Farmers League[89]". La conférence de presse quand il

88. Cf. chapitre 12 : « Le clan Mbappé, creuset d'une réussite ».
89. Terme utilisé par les Anglo-Saxons pour moquer le niveau de jeu du championnat de France.

resigne en 2022, c'est beaucoup axé là-dessus aussi », se remémore Grégory Schneider[90].

Dans cet amour de sa nation, Mbappé nous rappelle le regretté Ayrton Senna, triple champion du monde de Formule 1, patriote absolu, opium d'un Brésil en proie aux difficultés économiques. Le mot « Brésil » était toute la vie de Senna[91].

Homme de son temps, Mbappé est le marqueur des années 2020, celui des nouvelles causes de ce monde. Il sera sans nul doute l'homme de la décennie et celui de l'après. Il s'inscrit dans la lignée des plus grands de son sport. Alors qu'en France, Mai 1968 voulait que l'on « interdise d'interdire », plus au nord, en Hollande, le génie Cruyff symbolise dès le milieu des années 1960 la mutation de la société, l'avènement du mouvement libertaire Provo dans les rues d'Amsterdam où il était une idole. Une rock star ! L'essayiste Olivier Guez affirme que « la vie de Maradona raconte le roman de l'Argentine des soixante dernières années », en proie à plusieurs régimes autoritaires dont le plus connu, celui du général Videla (1976-1981). El Pibe de Oro incarne alors la résistance, le Péronisme, la lutte en faveur des plus démunis, quitte à flirter plusieurs fois avec la limite et se rapprocher des dictateurs d'extrême gauche qu'étaient Franco, Chávez ou encore Maduro. Le génie des années 1980, aussi. Ronaldo, « le vrai », incarne l'avènement du foot business. La vie de Messi, toujours selon Guez, raconte la virtuosité et la vacuité du football contemporain mondialisé. Elle ne raconte rien ou pas grand-chose de la société, malgré son génie absolu.

90. Journaliste à *Libération*, spécialiste du sport.
91. Paul-Henri Cahier, *Ayrton Senna : la légende*, Premium, 2014.

Il est le symbole d'un foot qui s'individualise, de la génération du joueurisme.

La vie de Mbappé nous dit encore autre chose. De Black Lives Matter à l'attachement au drapeau, il dépasse le cadre du sport et symbolise le courage de l'engagement. Ce désir d'insouciance d'une jeunesse en quête de liberté, et qui ne compte pas se taire. Son caractère, son habileté, son intelligence, et ses origines bondynoises – ville cosmopolite, ouvrière et terre d'immigration – en font l'homme du consensus, pour ne pas dire, à certains égards, l'homme politique le plus audible, et le plus écouté. « À l'école, comme sur le terrain, soyons unis », nous disait-il après l'assassinat de Samuel Paty.

Il est le symbole de la réussite d'un territoire. Il fait la différence avec ses mots à lui, sa propre intelligence et ses intuitions. « Je pense qu'il avance avec cette idée d'essayer d'être la figure de toute cette jeunesse dont on sait qu'elle est à 7 ou 8 rangs de pouvoir se rapprocher de la première ligne, que ce soit en sport, en culture, en économie. Il aborde les sujets de société avec prudence, intelligence. Kylian Mbappé, c'est une façon d'assumer ce que sont devenus les Français et ce que beaucoup d'hommes politiques ne veulent plus voir. La France est devenue un peuple nostalgique qui est dans le "c'était mieux avant" et Mbappé, c'est la force qui vient, c'est la force des Français d'aujourd'hui. Que ça plaise ou non », analyse Bruno Jeudy. Mbappé est la réponse à cette vacuité générationnelle, la jeunesse engagée. Membre des Enfoirés depuis 2019 au profit des Restos du Cœur. Discret pendant la pandémie mais soutien précieux du système hospitalier et donateur important. La Fondation

Abbé-Pierre l'a remercié comme d'autres. L'homme qui, on l'a vu, profite de son époque et de sa médiatisation à outrance pour dégainer et agir à bon escient. Les Grecs appellent cela le *kairos*, l'art d'agir ou parler au bon moment. L'ancien Monégasque est intelligent, il est devenu progressivement ce héros des temps modernes. Il tweete en personne. Il a une voix qui prête à sourire mais qui est affirmée.

Conscient de son pouvoir, Mbappé choisit ses combats en fonction de ce qu'il se sait capable de porter. Il évite ainsi le manque de finesse, voire pire, la contradiction. Il décide de se taire aussi, parfois. Mbappé a les attributs d'un homme politique idéal. « La proximité, il nous ressemble, une parole très forte, il n'y a pas de défiance sur sa parole qui est performative », ajoute Dabi.

« Le gamin de Bondy qui parle de Nanterre, c'est cohérent. On le voit aussi quand il va aux États-Unis, il s'exhibe autour de la NBA, il fait la une du *Time Magazine*… C'est un héros moderne. Il y a une expression en anglais il est *"street smart"*, il a l'intelligence de la rue. Il comprend bien ce qui se passe. Il est capable d'utiliser son levier de manière assez forte. Il doit sans doute un peu agacer… moi il ne m'agace pas parce qu'il a suffisamment de talents et suffisamment de résultats pour être capable de dire les choses sans donner des leçons. En fait, je ne l'ai jamais vu manquer de décence. Je sais ce que c'est que d'avoir 24 ans… mais en tout cas, oui, il est *smart*, il a du jugement et au fond, je pense qu'il peut faire figure de grand rassembleur. Là, il est déjà nettement au niveau de beaucoup d'autres hommes et femmes publics », estime Roland Lescure.

Ses prises de position sociétales en ont fait un joueur qui est sorti du cadre du football. Kylian Mbappé dépasse sa discipline. Sa voix traverse et a un impact sur toutes les couches de la société. Dans le top 20 des personnalités préférées du *JDD* depuis 2018, Mbappé est régulièrement très bien placé chez les femmes et chez les hommes, chez les plus jeunes comme chez les plus de 65 ans, chez les partisans de la majorité présidentielle comme chez ceux du Rassemblement national. Le journaliste britannique Simon Kuper écrit : « L'image de la France fut longtemps associée à son empire, son art de vivre, sa civilisation et son histoire, tous auréolés d'un prestige certain. Les Bleus, notamment sous de Gaulle, n'étaient pas à la hauteur de cette idée de la France. » Puis survint 1998, l'apothéose, confirmée par l'Euro 2000, avant la redescente et le fiasco de 2010. Les Français veulent à nouveau rêver, connaître une aventure commune. 2016, la finale est décevante. 2018 et 2022, l'histoire est différente. Emmenés par un jeune Bondynois, les Bleus qu'il incarne écrivent les nouvelles pages de notre roman national.

Le crack a une autre spécificité qui le rapproche du pouvoir et de son exercice. Son rapport aux politiques. Ou plutôt, à l'un d'entre eux : le président Emmanuel Macron. Il y a évidemment cette image, que d'aucuns qualifient de surréaliste voire déplacée, du chef de l'État réconfortant l'attaquant tricolore au terme de la finale du Mondial contre l'Argentine, sur la pelouse du stade de Lusail au Qatar. Une scène commentée et surcommentée, affichant la proximité entre les deux hommes. Elle est le signe d'une vraie relation, entamée quatre ans plus tôt. « Tout le monde voulait faire la même chose que le Président.

On a tous eu envie de lui dire : “Allez c’est pas grave mon pote, on en gagnera d’autres” », juge Sacha Houlié, président de la Commission des lois de l’Assemblée nationale et grand amateur de football.

Il faut dire que leur trajectoire, dans leur domaine respectif, suit une courbe sensiblement parallèle. Kylian Mbappé découvre l’équipe de France en mars 2017 quand Emmanuel Macron accède à l’Élysée deux mois plus tard. Les deux sont précoces, c’est le moins que l’on puisse dire.

L’attaquant entre à Clairefontaine à 18 ans, sans passer par la case Espoirs[92], tandis que l’ancien ministre de François Hollande devient le plus jeune président de la République de l’histoire à seulement 39 ans. Leur talent est indéniable et, comme le veut l’adage, « qui se ressemble, s’assemble ». « Le Président aime vraiment le foot. À la finale, à Moscou, sur la table, c’est vraiment lui. Son amour du foot n’est pas surjoué. Oui, il y a des parallèles entre les deux. Sauf que conquérir le pouvoir ou devenir le meilleur joueur du monde, ce n’est pas la même chose. Devenir le meilleur joueur du monde, c’est 90 % de travail personnel. Et ensuite, évidemment, tu t’inscris dans le collectif, etc. Alors que conquérir le pouvoir, c’est s’entourer d’une équipe, créer un programme. C’est beaucoup de travail, mais c’est aussi une certaine forme de talent, parce que, au fond, quand tu te retrouves à un débat présidentiel, c’est le talent qui parle. Tu prépares en équipe et après tu es seul. Le foot, c’est l’inverse. […] On aime souvent dire “Macron, c’est les riches, les premiers de cordée, etc.”. Non, je pense qu’il a ce souci de l’intérêt général, mais avec

92. Sélection nationale des moins de 21 ans.

une volonté effectivement d'avancer, de tirer, de pousser. Quitte à bousculer, à ne pas trop s'embarrasser avec les râleux… Parce qu'il est un peu comme ça aussi, Mbappé. Je pense que c'est quelqu'un qui n'a pas envie de s'ennuyer avec des gens qui râlent. On voit bien qu'il les balaye d'un revers de main quand il est critiqué… Et donc il trace sa route. […] », selon le ministre Roland Lescure.

L'idylle débute assez tôt, quelques mois avant le Mondial en Russie. Le Président convie l'attaquant du PSG à l'Élysée en marge d'une réunion sur le sport. Nous sommes en février 2018. À la table du chef de l'État, son homologue libérien George Weah, invité pour l'occasion, ou encore le patron de la FIFA Gianni Infantino. À leurs côtés, Didier Drogba, la légende ivoirienne, et un jeune prodige de 19 ans, pas encore étoilé, tout juste champion de France avec Monaco. « Macron a demandé à ce qu'il vienne. À la fédération, ils n'étaient pas forcément chauds au départ parce qu'ils ne voulaient pas exposer le gamin. Il a été là-bas et visiblement, les deux-trois prises de parole qu'il a eues à table, Macron a flashé… et de là est né leur rapport, pas tout de suite étroit, mais en tout cas un vrai respect. Ensuite il y a eu des coups de fil. Toujours dans le sens Macron vers Mbappé, c'est pas Mbappé qui dit : “Appelez-moi le Président”, parce que, au début, il était intimidé quand même. Avec le temps ça s'est fluidifié », raconte Philippe Sanfourche, qui suit le PSG et l'équipe de France pour RTL. La lune de miel se poursuit du côté de Moscou. Le Parisien se révèle au monde et contribue grandement au sacre des Bleus. Sur place, le Président exulte et, lors de la remise des trophées, embrasse la tête de son cadet, non sans rappeler Blanc et Barthez vingt ans plus tôt.

Depuis, le lien ne s'est jamais rompu entre les deux. Il s'est même renforcé. Les deux hommes se voient régulièrement et Mbappé est fréquemment invité rue du Faubourg-Saint-Honoré. Une fois par mois environ, nous indiquent certaines sources. Il leur arrive d'évoquer des sujets politiques, le cadet interrogeant parfois l'hôte sur les dirigeants internationaux et leur personnalité. Le champion du monde apprécie la reconnaissance du chef de l'État, lui qui rêve très grand et ne s'en cache pas. « Ils se reconnaissent comme deux diamants. Deux personnes qui réussissent des choses hors normes à un âge hors normes. Ce sont des gens qui accélèrent le cours de la vie. Chez l'un ou l'autre, il y a une simplicité dans l'appréhension de la grandeur qui est très surprenante. Rien n'est trop grand », appuie Amélie Oudéa-Castéra. Taquin, Emmanuel Macron en profite à plusieurs reprises pour suggérer au joueur de signer à l'OM, son club de cœur. En mai 2021, lors d'une opération de communication à destination des jeunes, un « concours d'anecdotes » avec les YouTubeurs stars Mcfly et Carlito, le Président téléphone en direct au Parisien et fait croire aux deux hommes qu'il s'apprête à s'engager avec Marseille. « Impossible. Impossible d'aller à Marseille. C'est pas dans notre ADN, ça », affirme alors l'ancien Monégasque. « N'en faites pas trop non plus, Kylian », ajoute Emmanuel Macron[93].

---

93. Emmanuel Macron est supporter de l'OM, rival historique du PSG où évolue le joueur francilien.
Jean-Baptiste Guégan et Clément Pernia, *La République du foot*, Amphora, 2022.

Ça fonctionne. Il semble avoir trouvé en Mbappé son alter ego. « Macron, c'est le Président sans ami, et Mbappé, on sent qu'il est hyper perso aussi. Il y a évidemment la précocité, la solitude du pouvoir, une certaine façon [...] d'aimer les responsabilités, de les prendre et de les assumer jusque dans l'impopularité. Mbappé prend parfois des décisions qui ne sont pas [...] faciles », analyse Bruno Jeudy.

Emmanuel Macron, réélu en mai 2022, est-il *too much* avec la star française ? Beaucoup le pensent, surtout parmi ses opposants. Surtout après la séquence de la câlinothérapie au Qatar. Si sa passion du ballon rond est indubitable, à l'instar de ses deux prédécesseurs au palais, Nicolas Sarkozy et François Hollande, personne n'est dupe. Tout chef d'État trouve un intérêt à côtoyer de près le football et ses protagonistes. Une discipline qui réunit tant de passionnés, qui sont autant d'électeurs, ne peut laisser indifférent un responsable politique en quête d'élection, de réélection, ou de popularité. La médiatisation du foot, les foules qu'il peut mobiliser, séduit de facto les femmes et hommes désireux de parler au peuple. « Le football est le sport à la fois le plus populaire et le plus aristocratique qui soit. Essayez de faire ce que fait Mbappé, vous n'y arriverez pas. [...] Il y a quelque chose d'éminemment aristocratique dans tout champion. C'est le sport le plus populaire qui soit parce qu'à la fois les joueurs viennent le plus souvent des couches populaires et, en même temps, c'est le sport qui touche le plus grand monde[94] », déclarait Luc Ferry sur Radio Classique, le 19 décembre 2022. Le Président a conscience qu'il entretient une relation complice mais

94. Daniel Riolo, Gilbert Brisbois, éd., *After Foot*, numéro 8 : Sexe football club, Éditions du ballon rond, 2023.

pas intime avec le sportif français le plus populaire, le plus connu à travers le monde. Et il y tient. En témoigne son implication dans les choix de carrière du prodige.

Lorsqu'à l'été 2022 Mbappé est tout proche de s'engager avec le Real Madrid et donc de quitter la France, Emmanuel Macron n'hésite pas à parler au joueur, à lui faire du « rentre-dedans » pour lui rappeler son importance pour le pays et sa volonté de le voir prolonger l'aventure dans le championnat Français. « J'ai eu une discussion avec Kylian Mbappé en amont, simplement pour lui conseiller de rester en France. Quand il est sollicité de manière informelle et amicale, c'est le rôle d'un président de défendre le pays », indiquait en juin 2022 le Président au journal *Le Parisien*. Un échange confirmé par le principal intéressé dans les colonnes du *New York Times*. « Il voulait que je reste. Il m'a dit : “Je ne veux pas que tu partes maintenant, tu es tellement important pour le pays. Tout le monde va être content si tu restes, tout le monde t'aime ici et tu as le temps avant de partir. Tu peux rester un peu plus.” Bien sûr quand le Président te dit ça, ça compte, mais comme je l'ai dit avant, ç'a été ma décision. Je n'aurais jamais imaginé parler de mon futur, du futur de ma carrière avec le Président. » Mbappé avait finalement prolongé son contrat au Paris Saint-Germain, certainement motivé par des raisons plus importantes que l'argumentaire du Président, « mais les mots qu'il a su choisir et tout le discours global sur “tu seras footballeur un temps dans ta vie, mais tu seras français toute ta vie. Et vu la place que tu prends aujourd'hui dans la société, tu dois considérer l'ensemble, etc.”, oui ça a dû compter », explique Philippe Sanfourche. Mbappé apprécie cet univers. Il est politique.

Il n'a pas dit non au Real Madrid, mais oui à la France. Ce sont ses paroles, dignes d'un politicien de haut vol. L'art de la formule pour contenter toutes les parties. Ce n'est pas de la communication, c'est du talent.

Et paradoxalement, ce lien avec le président de la République, Kyks n'en fait pas les frais. « Ce qui est intéressant, c'est que Macron est un président majoritairement impopulaire, et le fait qu'ils paraissent proches n'entache en rien la popularité de Mbappé », corrobore Frédéric Dabi. Un ticket gagnant-gagnant, donc.

La question qui se pose est alors la suivante : puisqu'il est politique, Kylian Mbappé est-il de gauche ou de droite ? Pour Bruno Jeudy, « c'est un libéral progressiste, donc de ce point de vue-là, il se rapproche de Macron. Alors les gens de gauche te diront que c'est un type de droite, mais je pense qu'il est libéral. » Mbappé, libéral dans sa construction de carrière, la prise en main de son destin, la volonté de s'affranchir de tout obstacle, mais attaché à la question sociale du fait de ses origines, son enfance en Seine-Saint-Denis, ses convictions sociétales précédemment évoquées. L'Américain qu'il est presque voterait démocrate, outre-Atlantique. « Quand tu regardes bien son association "Inspired by KM[95]", l'idée est d'accompagner les enfants pour faire en sorte qu'ils s'épanouissent professionnellement, culturellement, dans les échanges. Quand tu détailles l'identité des gamins en situation difficile, il y a également

95. L'association, qui accueille des enfants nés entre 2003 et 2010, et dont Kylian est le président, prône la diversité et vise à « ouvrir le champ des possibles des enfants », « leur permettre d'expérimenter et de vivre les mixités », « les amener à apprendre, comprendre, partager et enfin transmettre ».

des fils de médecins, etc. L'idée, c'est qu'ils se parlent, c'est la connexion. Le rêve de l'intégration à la française, c'est-à-dire tout ce qui n'existe plus et qu'on déplore dans les écoles de la République… », ajoute Sanfourche. L'enfant de Bondy est le représentant du nouveau monde, d'un côté il est opposé aux conservatismes et défenseur des causes du XXIe siècle, de l'autre il est soucieux, très soucieux même, de défendre ses intérêts personnels. Les feuilletons entourant ses prolongations de contrat en sont l'illustration. « C'est quelque chose de politique », avait d'ailleurs déclaré à ce sujet l'entraîneur emblématique du Real Madrid et ancien du PSG, Carlo Ancelotti. Officiellement, KMB ne se positionne pas.

Il n'échappe pas non plus aux critiques réservées aux hommes politiques. Le tableau dépeint jusque-là ne saurait être complet s'il balayait d'un revers de main les controverses, les limites, voire les incompréhensions que Mbappé suscite en la matière. Quoi qu'il dise ou qu'il fasse, à partir du moment où Mbappé voit haut, vise la notoriété la plus élevée, décide d'être un porte-voix et un sportif engagé, il s'expose. En devenant ce symbole, cette personnalité publique, le Parisien casse les codes. Il crée un précédent selon Luis Fernandez : « Il faut qu'il fasse très attention. Un footballeur, ça prend normalement des positions sur un match, sur une équipe, sur un joueur, sur un adversaire, c'est là qu'il rayonne. Maintenant, si tu commences à sortir de ce cadre, tu peux te faire taper dessus. Moi je n'ai jamais pris de position politique. Je viens d'un milieu populaire, j'ai reçu la Légion d'honneur et je me suis toujours focalisé sur mon métier de joueur ou d'entraîneur. Alors si j'ai un conseil à donner à ceux qui débutent… le terrain le plus important, c'est le terrain de football où ils doivent être exemplaires parce qu'il y a des jeunes qui les regardent, les écoutent, et ces jeunes-là il ne faut pas les trahir. »

Autre époque, autres mœurs, mais Luis Fernandez met ici le doigt sur un élément clé. « Gouverner, c'est choisir », disait Pierre Mendès France et parler, c'est s'exposer. Et c'est aussi le risque de ne pas susciter l'adhésion de tous, à chaque fois. Dans le cas du Bondynois, l'équation doit prendre en compte une société française fracturée, une population en manque de repères, la montée des extrêmes. L'exemple de la mort de Nahel en juin 2023 est un cas d'école. Si l'image de l'adolescent tué au volant de sa voiture a suscité, dans un premier temps, l'émotion de tout un pays, les termes de « petit ange » employés par le joueur sur Twitter n'ont pas fait l'unanimité. Imprudence, précipitation ou vrai positionnement, le champion du monde, par son tweet, a été l'objet de vifs débats dans les médias. Pendant plus de vingt-quatre heures, il a été presque autant question sur les plateaux du message de l'idole que de l'évènement en lui-même. Selon un sondage Odoxa dévoilé en juillet 2023, pour 67 % des Français Kylian Mbappé n'est pas dans son rôle quand il s'exprime sur ce sujet et 64 % ne sont pas d'accord avec le contenu du message qu'il a posté.

« Le fait que Mbappé réagisse est un fait politique. On s'y adapte, sans pour autant être contraint de réagir. C'est une position qui va être prise en compte dans la réponse qu'on va apporter. Il a raison de poser certaines questions. Il fait de bons constats, parfois pas avec les bons mots. Il a raison de pointer du doigt le sujet des violences policières. C'est un sujet, il fait partie du Beauvau de la sécurité.

Les violences policières ne sont pas systématiques mais elles peuvent exister. Il le dit, mais avec le "petit ange" qui est maladroit. Le constat est bon, il est en phase avec la société, avec les jeunes. Il comprend ça, l'incarne, mais avec le mot de trop », pointe Sacha Houlié, député Renaissance[96].

Dans les jours qui ont suivi, la France a fait face à des violences urbaines inédites depuis les émeutes de 2005. Commerces pillés, voitures brûlées, forces de l'ordre attaquées. Le capitaine des Bleus et ses coéquipiers ont appelé au calme dans un communiqué publié deux jours plus tard, mais déjà son positionnement était rejeté par une grande partie des citoyens. « On a le sentiment qu'il y a des causes qui indignent plus que d'autres. Concernant l'affaire Lola[97], ou même Philippe[98], qui est le symbole de l'ensauvagement de la société, Kylian Mbappé ne fait pas de tweet[99] », regrettait, de manière opportuniste, le président du Rassemblement national, Jordan Bardella. Choix des combats ou indignation à géométrie variable ? C'est le principal reproche formulé à l'encontre de l'attaquant. « Ça peut se retourner contre lui. Quand tu commences à mener des combats, tu ne peux pas te tromper ni faire d'erreur, parce qu'on t'attend. Les combats, ça peut aussi te mener à ta perte », décrypte Yacine Hamened, éducateur et auteur

96. Et président de la Commission des lois de l'Assemblée nationale.
97. Jeune fille de 12 ans violée, torturée et assassinée en octobre 2022 par une jeune femme de nationalité algérienne, en situation irrégulière sur le territoire.
98. Septuagénaire mortellement agressé devant chez lui par trois jeunes hommes, dans le Nord, début juillet 2023.
99. Le 14 juillet, sur le média « Legend ».

des *Hors-jeu du football français*[100]. Mbappé est populaire. Son parcours et sa personnalité séduisent, il est adulé le temps d'un Euro ou d'une Coupe du monde. Il peut aussi exaspérer, voire susciter l'animosité. Les attentats massifs perpétrés par le Hamas en Israël, le professeur assassiné à Arras et le jeune Thomas poignardé à l'automne dernier sont autant de sujets sur lesquels une partie de l'opinion attendait une réaction du capitaine de l'équipe de France. Non parce qu'il porte le brassard de l'équipe nationale – les précédents capitaines ne se positionnaient pas ou très peu, et on ne leur en tenait pas rigueur – mais parce qu'il est Kylian Mbappé.

Par ailleurs, l'engagement en lui-même de la star est sujet à débat. En pointant du doigt les questions de violences policières et de racisme, le meilleur buteur de l'histoire du PSG joue sur du velours. Il n'exprime pas un questionnement politique mais prend position sur des causes. Ses causes. Quitte à ce que cela puisse de temps en temps passer pour des coups de communication. « Il choisit ses combats, il sait ce qui va être clivant et il sait ce qui va lui apporter de la visibilité et de l'image. Là aussi, il est très politique, il sait très bien ce qu'il fait. Quand il combat Noël Le Graët, il sait qu'il ne risque rien, il ne combat pas un président qui est adulé, qui est intouchable. Il ne combat pas Platini, qui serait à la tête de la FFF. Il combat Noël Le Graët à la fin d'un épisode où ça fait près d'un an qu'il y a des enquêtes de harcèlement et qu'il est fragilisé », juge Yacine Hamened. Une latitude que tempère

100. Yacine Hamened, *Les Hors-Jeux du football français. Le coup de gueule d'un éducateur*, Talent Sport, 2021.

Sacha Houlié : « Il y a parfois une forme d'hypocrisie chez certaines stars du cinéma qui prennent l'avion au quotidien et qui disent que c'est mal de polluer la planète. Au moins lui est cohérent. C'est peut-être une forme de maturité de se dire : je m'engage sur ce sur quoi je peux peser. Je viens des quartiers, je sais que les relations avec la police sont parfois compliquées, j'en fais une cause. Plutôt que l'écologie où il n'est pas forcément en phase. » L'épisode du char à voile l'a montré.

Joueur du Paris Saint-Germain, propriété du Qatar, Mbappé n'a pas imité son aîné Dominique Rocheteau qui n'avait pas hésité à dévoiler ses états d'âme avant le Mondial 1978 en Argentine. Une Argentine aux mains de Jorge Videla, le dictateur au sang sur les mains. Trente-quatre ans plus tard, les appels au boycott du Mondial qatarien, pour dénoncer les conditions des travailleurs sur les chantiers des stades et les conséquences écologiques de la compétition, se sont multipliés. Aucun Bleu ne s'est cette fois prononcé sur le sujet. C'eût été encore plus délicat pour les Parisiens, dont fait partie Mbappé, qui furent évidemment l'objet de critiques de la part des militants pro-boycott. En devenant ce qu'il est aujourd'hui, Kylian Mbappé fait face à ce à quoi Zidane, l'icône silencieuse, avait échappé. La surmédiatisation, l'influence des réseaux sociaux, la recherche permanente du buzz ont tout bouleversé. « Le storytelling de Zidane est d'une puissance incomparable. Mbappé influence la jeunesse, est un sportif exceptionnel, est une machine construite pour gagner. Ses parents sont des sportifs de haut niveau. Il a été drivé depuis le départ pour le sport de haut niveau, issu d'on va dire les classes moyennes de la banlieue parisienne. Zidane, par son histoire personnelle, fils d'immigrés de première génération, l'attachement à Marseille, la relation entre la France et l'Algérie, je pense qu'il a eu un impact politique sur la France plus fort, à ce stade, que Mbappé », souligne Gaspard Gantzer.

Il a voulu entrer dans le débat public et peser dans la société, il en récolte les fruits et paie de temps à autre l'addition. S'il parle, il ne peut plus être consensuel. S'il se tait, il ne se positionne pas non plus. En devenant une personnalité engagée, en choisissant d'être politique, Mbappé subit la dure loi de la politique. Il aurait pu être comme Roger Federer, génie muet, pas le plus suivi sur les réseaux sociaux, un sportif qui se contente de communiquer sur le tennis et sa fondation, laissant dans l'ombre ses éventuelles convictions. Pour cela, le Suisse, lui aussi, a fait l'objet de reproches. « La communication de Mbappé ressemble à celle d'une boîte du CAC 40. On aimerait qu'il fende l'armure plus souvent [...]. On lui reproche aussi le manque d'aspérités de ses prises de parole[101] », ajoute l'ancien conseiller en communication de l'Élysée. Finalement, on rêverait d'un mix entre Federer et Mbappé. Entre Zidane et Mbappé. Quelque chose qui n'existe pas. De la réserve et de l'engagement. Du recul et du positionnement.

Kylian Mbappé a fait le choix d'être *« more than a player »*. À lui d'assumer.

101. Charles Haroche, Frédéric Vallois, *Federer, un mythe contemporain*, Solar Éditions, 2021.

11

Kylian, c'est le visage de la France à l'étranger

« Kylian Mbappé est probablement plus connu en Inde qu'en France. » Ces mots sont de Narendra Modi, le Premier ministre indien. Ils ont été prononcés à Paris le 13 juillet 2023 devant les représentants de la diaspora indienne. Quand on représente un cinquième de l'humanité, la déclaration pourrait surprendre. Pourtant, elle est très sensée. Il suffit de discuter avec un taxi, un restaurateur ou n'importe quel commerçant à l'étranger. À l'annonce de votre nationalité, on vous demande des nouvelles de Kylian. A fortiori si vous êtes parisien… Mbappé, c'est la France et il faut s'y habituer. Stendhal, Albert Camus ou Emmanuel Macron sont loin derrière. C'est une inspiration et un repère pour beaucoup, à commencer par le tennisman grec Stéfanos Tsitsipás. Il ne s'en cache pas. Il le considère comme l'une de ses idoles. Il admire son style, sa personnalité, et ce qu'il représente au-delà même du football. Kylian fascine et surtout il incarne une certaine idée de la France à l'étranger.

Le premier des Français

Comme nous l'a dit Roland Lescure, « Kylian Mbappé, c'est la France qu'on aime, la France mythique, la France qu'on aimerait voir plus souvent ». Et il sait de quoi il parle. Expatrié au Canada durant des années, ce grand fan de football n'a eu de cesse d'entendre parler du prodige de Bondy. Dès qu'il se déplace à l'étranger pour parler compétitivité, image du pays et attractivité, il n'y en a que pour lui. « Kylian, c'est la France de la méritocratie, la France de l'intégration, la France rassemblée. Comme une réminiscence de la France de 1998, la France black-blanc-beur. C'est cette France qu'on aime, qu'on souhaite voir continuer à gagner. C'est celle qu'on aimerait voir perdurer. » Il est le visage de notre pays à l'étranger, la première image qui vient lorsqu'on parle de la réussite à la française.

Le numéro 10 des Bleus, c'est un écho permanent à cette France capable de rivaliser, de l'emporter. L'attaquant est devenu un marqueur national. Il est d'autant plus important qu'il cumule à lui seul, sur les réseaux, une influence plus grande que tous les chefs d'États européens réunis. Le compte de l'Élysée compte moins de 3 millions de followers, français pour l'immense majorité. Mbappé en compte quatre fois plus, et la plupart sont à l'étranger. Le joueur est conscient d'être un symbole du pays et une icône nationale. Et il revendique cette place. Après la victoire en Coupe du monde en 2018, il ne s'en cachait pas : « C'est une fierté immense de représenter la France. On a montré qu'on pouvait faire quelque chose de grand ensemble et ça restera dans l'histoire » du pays. Et pas seulement.

Le « génie français » dont parlait François da Rocha Carneiro est le *franchise player* de la « marque France », l'atout du *Made in France*. Il est plus fort qu'Armox Lux ou n'importe quelle campagne de promotion lancée par Arnaud Montebourg, l'ancien ministre du Redressement productif. Mbappé ne fait pas que taper dans un ballon, il joue pour le pays. Aux côtés de la baguette, du béret et de la tour Eiffel, le numéro 10 des Bleus est devenu notre premier représentant à l'étranger. Comme nous le disait Sacha Houlié dans son bureau à l'Assemblée, « il est le Français du XXIe siècle avec ce que cela implique. Il représente une France qui s'assume, une France qui assume le fait de regarder vers l'extérieur et qui assume le fait de se regarder dans un miroir. » Pierre Rabadan, l'adjoint aux sports de la Mairie de Paris, le rejoint. « Kylian Mbappé accompagne un changement, c'est la France qu'on aime voir gagner. C'est une France qui gagne, c'est une France qui assume ce qu'elle est et qui, en plus, a l'ambition de le faire de manière décomplexée. »

Mais Kylian, ce n'est pas simplement une image lisse et exclusivement positive de réussite. C'est une photographie de l'état du pays. Comme le souligne Roland Lescure, « il nous renvoie aussi à nos défauts ». Notamment à « l'angle mort de la discrimination raciale, de l'intégration et du racisme qui peut s'exprimer dans notre pays ». Ses prises de position sur la question des violences policières ou son implication en faveur du mouvement Black Lives Matter ont marqué en France. Elles ne sont pas non plus passées inaperçues à l'étranger.

Sa liberté de parole et de ton est aussi à noter. Pour certains, c'est cette arrogance très française qui s'exprime chez lui, celle que nous renvoient souvent nos voisins européens. Cette conscience de savoir mieux que les autres ce qu'il faut faire et ce que l'on vaut. On n'échappe pas à ses origines. À sa manière, Kylian Mbappé en est le symbole. Il est à la fois une exception, un leader d'opinion et l'incarnation complexe de ce qu'est notre pays. Comme un rappel de ce que l'on peut faire et de ce qui n'a pas été réussi.

La vitrine Mbappé

Roland Lescure prolonge l'analyse. « Il n'y a pas beaucoup de personnalités françaises qui fassent la une des grands magazines internationaux. C'est une figure mondiale. Il n'est peut-être pas encore le leader que l'on présente souvent mais il peut avoir un impact, s'exprimer et s'impliquer. Si on le compare à Lionel Messi qui est incontournable en Argentine et en Amérique latine, ils ont en commun d'être adulés. Notamment en France pour Kylian mais pas seulement. Ce qui les distingue, ce sont leurs tempéraments, leurs personnalités. Le joueur argentin est beaucoup plus taciturne, beaucoup plus réservé. Il ne s'implique pas autant dans la politique de son pays, dans sa vie. Kylian Mbappé fait déjà partie de l'image de la France. Il participe déjà à sa diffusion. Plus que Federer avec la Suisse par exemple ou Primož Roglič avec la Slovénie. Roger Federer représente évidemment son pays et la publicité qu'il a signée était plutôt réussie. Pour autant, lorsqu'on le voit jouer, sa nationalité n'est pas la première chose qui ressort. C'est différent avec Kylian Mbappé, on sait directement qu'il est Français. La marque

France, il la porte déjà au quotidien. » Il la revendique. Dans le cadre d'une prochaine Exposition universelle, il n'y aurait rien de surprenant à ce que son image fasse partie du Pavillon France. Cela ne choquerait personne. C'est un élément fort du *nation branding*[102] à la française, de l'image de marque du pays.

Pour Thibaud Leplat, Mbappé, « c'est une certaine idée de la réussite à la française sous plusieurs aspects. Il représente la France d'aujourd'hui chez nous et en dehors. Il est le visage de la « France réelle » pour reprendre l'expression d'Emmanuel Macron. Il incarne aussi une certaine idée du talent en action. C'est la démonstration que lorsque vous agissez, vous gagnez. Pour beaucoup, il illustre ainsi la réussite de la start-up nationale. Kylian Mbappé, c'est la France de la présidence Macron. Leur proximité le confirme, elle est même éloquente dans ce qu'elle dit de lui, de nous ».

Ce n'est donc pas pour rien que le capitaine des Bleus a été choisi comme l'une des figures du pays de la campagne « *Make it Iconic. Choose France*[103] » qui vise à diffuser et renforcer l'attractivité de la France à l'international. Tout un symbole. Aux côtés du cuisinier Mory Sacko, de l'astronaute Thomas Pesquet ou du designer Philippe Starck, Kylian Mbappé est placé au rang d'emblème national. Au même titre que la tour Eiffel, Notre-Dame de Paris et le Mont-Saint-Michel, il fait partie des symboles et des talents nationaux que le gouvernement a décidé de

102. Le *nation branding* est la capacité d'un État à se vendre comme une marque, c'est la faculté de son gouvernement à travailler son image et son attractivité avec des outils marketing classiques.
103. « Marquez les esprits. Choisissez la France. »

mettre en avant pour « marquer les esprits » et incarner « l'audace à la française[104] ».

C'est aussi une manière de faire coïncider les intérêts du pays avec la volonté du joueur, celle « d'être utile » et de prendre ses responsabilités. Il assume « l'héritage, il assume son identité et ce qu'il est. Il met en avant le fait qu'il est Français », et « il met sa force de frappe au service de ses engagements, ceux d'un sportif d'un nouveau genre ».

Le **soft power** *et Mbappé*

On a pu voir à quel point sa présence comptait d'un point de vue géopolitique. Pour Simon Chadwick, professeur à la SKEMA Business School de Paris, Kylian Mbappé est devenu le *marquee player*[105] du pays, l'emblème de la marque France. Dans *The Athletic*, ce dernier explique qu'« en France, les plus hautes sphères du gouvernement mettent de plus en plus l'accent sur l'utilisation des atouts culturels pour projeter une certaine image de la France. La meilleure illustration de cela tient à l'engagement du président Emmanuel Macron dans la volonté de persuader Mbappé de ne pas aller au Real Madrid à l'été 2022 en rappelant au joueur l'importance de 2024, cette année clé pour le pays avec les jeux Olympiques de Paris qui se profilent à l'horizon. »

---

104. https://www.choosefrance.fr/fr/

105. Un *marquee player* est un athlète considéré comme exceptionnellement populaire, compétent ou remarquable, en particulier dans le sport professionnel. Son nom vient des chapiteaux de théâtre, sur lesquels les noms des vedettes des productions sont souvent inscrits afin d'attirer les spectateurs. Plusieurs ligues sportives ont des définitions et des règles spécifiques concernant la désignation et le traitement des joueurs de marque.

Dans le *Financial Times*, la responsable du bureau de Paris, Leila Abboud, va plus loin : « Le transfert potentiel de Kylian Mbappé à Madrid n'a jamais été interprété comme le choix personnel d'un jeune homme désireux de tester ses compétences à l'étranger, dans un championnat plus fort. Au contraire, il s'inscrit directement dans le récit omniprésent qui sous-tend la vie publique en France : la peur du déclassement ou du déclin dans tous les domaines, de la géopolitique au cinéma. Pour beaucoup de Français, le départ de Mbappé équivaut à un vote de confiance[106]. » Et à un enjeu de pouvoir et de visibilité. Ici et en dehors. Un transfert de Kylian, c'est un signal politique.

Une partie de l'attractivité de notre pays tient à notre capacité à retenir nos talents, à s'en servir pour montrer au monde notre puissance, douce, feutrée. Ce *soft power* que tout le monde essaie d'employer pour séduire, attirer et convaincre. Le gouvernement français et la présidence en ont conscience. Kylian Mbappé est un atout pour la France, une chance qui touche à la puissance de l'imaginaire.

Il aurait été tentant d'écrire que notre numéro 10 est notre ministre des Affaires étrangères. Nous n'irons pas jusque-là. Il n'a pas ce pouvoir ni cette influence. Le football a ses limites et Mbappé n'y échappe pas. Kylian n'est ni le pape ni le secrétaire général des Nations unies. Pour autant, il est indéniable que le joueur sert des intérêts géopolitiques qui le dépassent presque, en partie. Et cela ne se limite pas à ceux de notre pays.

106. https://www.ft.com/content/213255bd-11b5-4c04-af77-763e6c609628

Qatar, le poids de l'ambiguïté

Kyks est un enjeu qui transcende nos frontières. En tant que joueur parisien depuis tant d'années, le destin de l'attaquant français est lié depuis 2017 à QSI, le propriétaire qatarien du Paris Saint-Germain. Le joueur constitue depuis longtemps un atout de prestige, en périphérie de la relation franco-qatarienne. Au moment de son possible transfert au Real Madrid à quelques mois du Mondial à Doha, la présidence de la République a rappelé au joueur l'importance de sa présence dans le cadre du partenariat énergétique avec le Qatar. Un Président ne devrait pas dire ça, mais l'émirat est l'un des deux premiers producteurs de gaz mondial. Et la guerre en Ukraine a souligné l'importance stratégique d'une relation de confiance entre nos deux États. Mais c'est plutôt lors de la Coupe du monde 2022 que la dimension géopolitique prise par Kylian Mbappé s'est affirmée. Avec Messi et Ney, il était programmé pour être un des fers de lance du rayonnement parisien à Doha. Cela faisait presque partie du contrat. Porter les couleurs du PSG au Qatar, c'était comme jouer à domicile.

À mesure que la compétition se rapprochait, les appels au boycott se sont multipliés, obligeant les uns et les autres à se positionner. Comme nous l'a expliqué Bruno Jeudy, « cela a vraiment été compliqué des deux côtés, que ce soit pour les autorités françaises ou pour les sportifs comme Kylian Mbappé. Entre la vision allemande jusqu'au-boutiste appelant à la dénonciation et la vision française où traditionnellement on ne mélange pas le sport et la politique, c'était un peu une tarte à la crème lancée à la figure du champion français. Choisir la neutralité et le silence quand on ne veut pas prendre position signifie surtout qu'on est emmerdé ». Quand on connaît le côté volubile et l'expressivité de Kylian, la situation a dû lui coûter.

Jouer au PSG, c'est aussi un engagement en soi. « D'emblée, c'était injouable pour toutes les parties, à commencer par le joueur. Le sujet du Mondial au Qatar était une véritable patinoire. En plus, il y avait une vraie différence entre Nicolas Sarkozy et Emmanuel Macron. Nicolas Sarkozy a appelé à chaud à prendre position pour le Qatar… Macron, contraint par la fonction, est obligé de rester dans une position prudente… Un mois avant la Coupe du monde, la polémique battait son plein. La gauche et les écologistes ont appelé au boycott et à mettre la pression sur les joueurs. » L'aspect le plus compliqué à gérer, ça a été pour le joueur. Devenu une « personnalité publique encline à prendre position a contrario des footballeurs des générations précédentes », le numéro 10 des Bleus s'est retrouvé en plein conflit de loyauté et d'intérêts. Son choix a été simple : se taire et fuir les points-presse. Il n'a « parlé qu'avec les pieds » pour reprendre les mots du sélectionneur français, Didier Deschamps.

Le joueur a attendu la qualification en quart de finale pour s'exprimer et s'expliquer. Il a ainsi revendiqué le « besoin de se concentrer sur sa compétition » pour « ne pas perdre d'énergie dans d'autres choses[107] ». Son silence lui a été utile. Il lui a permis de « se préparer à gagner la Coupe du monde ». Il lui a surtout évité de faire face aux questions légitimes liées à la conflagration de ses engagements.

107. Kylian Mbappé n'a pris la parole qu'au lendemain de la qualification française face à la Pologne en Coupe du monde en huitièmes de finale.

La réalité est parfois dure à confronter quand elle engage devant le monde entier votre employeur, votre pays et votre rôle d'influenceur-citoyen.

La meilleure position est alors de ne pas en avoir publiquement. Réclamer le droit à la sérénité et à votre liberté est même une excellente réponse en matière de communication de crise. Le *timing* de sa prise de parole l'a montré. Kylian Mbappé a en effet attendu de signer une prestation magistrale et de qualifier les Bleus face à la Pologne avec « deux buts d'anthologie » selon Hugo Lloris. On appelle ça être en plein dans sa zone de confort devant des journalistes ébahis et une France conquise à nouveau. Le moment était parfait. « Sa communication était une nouvelle fois maîtrisée. Les polémiques étaient épuisées, les questions oubliées », comme l'a rappelé Bruno Jeudy. Intervenir après une telle victoire, c'était la garantie de ne pas être embêté ou déstabilisé sur le Qatar et ses responsabilités. L'actualité du résultat et les exploits priment toujours sur le reste.

Heureusement, de tels cas de conscience ne concernent pas que le « joueur spécial » qu'est Kylian Mbappé. Avec la Coupe du monde au Qatar, l'équipe de France tout entière s'est cachée derrière l'apolitisme du football, tout comme Lionel Messi et Cristiano Ronaldo qui ont eux aussi gardé le silence sur leur engagement en tant qu'ambassadeurs du royaume saoudien voisin. Question de principes.

Entre Cameroun et Algérie, le dilemme des origines

Devenir un objet d'influence pour un footballeur, c'est relativement nouveau. À cette échelle, Kylian Mbappé contribue à écrire l'histoire. Il n'a jamais revendiqué être d'origine camerounaise ou algérienne par ses parents. Il a toujours exprimé sa francité avant toute autre assignation identitaire. Et pourtant la richesse de son ascendance s'est brutalement rappelée à lui et au monde au cours de l'année 2023.

Début juillet 2023, le joueur s'est rendu au Cameroun près de Douala, à Djébalè, le village natal de son père. La liesse était incroyable, la foule innombrable et les gardes de sécurité plus nombreux encore. Lors de ce séjour de trois jours au pays des Lions indomptables, le joueur a été reçu et traité comme un chef d'État. Son programme l'a conduit à rencontrer « certaines autorités du pays », dont le Premier ministre camerounais Joseph Dion Ngute. L'idée était de découvrir la terre de ses ancêtres et d'« échanger sur tous les projets que le joueur pourrait mettre en place au Cameroun ». Pour autant, une telle situation interroge. Le joueur a été présenté comme un frère camerounais par tout un peuple. Que Kylian Mbappé soit récupéré n'est pas inhabituel. Ce qui l'est plus, c'est le contexte. Tout est plus compliqué au Cameroun depuis la réélection pour un septième mandat de Paul Biya. Et c'est d'autant plus vrai quand on est français. Dans cette partie de l'Afrique, la désinformation russe fait des ravages, les actions des mercenaires de Wagner ont été déstabilisantes et la présence française est de plus en plus contestée. Voir Kylian Mbappé reçu ainsi peut donc surprendre. Sa présence nous apprend beaucoup sur l'homme de pouvoir qu'il est devenu. Pour Sacha Houlié, le président de la Commission des lois de l'Assemblée nationale, « c'est assez remarquable, c'est même prodigieux et il faut le reconnaître comme tel ».

Kylian Mbappé est autant un objet qu'un agent d'influence. Évidemment, il n'est pas au service de la France à la manière de Malotru dans le *Bureau des légendes* ou d'OSS 117. Néanmoins, il s'inscrit dans cette forme de diplomatie informelle que mettent en place les puissances de notre temps.

Dans cet esprit, on l'a vu prendre la parole en 2020 dans le cadre du contrat signé entre le PSG et Visit Rwanda à l'occasion de la commémoration du génocide des Tutsis au Rwanda. Il a rappelé aux côtés de ses coéquipiers d'alors, Idrissa Gueye, Thomas Meunier et Leandro Paredes, « les progrès que le Rwanda opère » sous la férule de Paul Kagame au pouvoir depuis 2000 et les leçons que le monde pourrait en tirer. Avec ses coéquipiers, l'attaquant du PSG a prêté son image à une campagne de communication du pays sur la scène internationale[108], et a été malgré lui un acteur du rapprochement entre le Qatar et le Rwanda dans le cadre de leur partenariat stratégique. Entre le football et la géopolitique, il n'y a souvent qu'un pas et Kylian Mbappé l'a déjà franchi.

À l'instar de l'Américaine Michelle Kwan, la patineuse olympique devenue ambassadrice, ou de Steve Kerr, le coach des Warriors pressenti un temps pour devenir le visage de la diplomatie américaine en Asie, les sportifs sont des atouts précieux, notamment à l'heure où les relations internationales se compliquent. Au moment où il faut raconter d'autres histoires diplomatiques, les exemples ne manquent pas et ils se transforment en ambassadeurs en crampons.

108. https://www.leparisien.fr/sports/football/psg/psg-rwanda-un-partenariat-tres-diplomatique-13-06-2020-8334756.php

Michel Platini a transformé en succès la tournée de Jacques Chirac en Amérique du Sud en mars 1997 par sa simple présence. Quant à la Chine et aux États-Unis, leurs relations se mesurent à l'intensité de l'usage du sport pour se jauger. La diplomatie du ping-pong des années 1970 a permis à Henry Kissinger et Zhou Enlai de mettre en scène le rapprochement de leurs deux pays. Quant à la skieuse acrobatique Eileen Gu, elle atteste de la rivalité croissante entre les deux superpuissances. Ciblée par les autorités chinoises en quête de sportifs binationaux, elle a gagné une médaille d'or sous les couleurs de la Chine malgré sa naissance à San Francisco. Kylian Mbappé n'est donc pas seul à être un enjeu pour son pays de naissance… comme pour ceux d'origine de ses parents.

Il lui faudra cependant s'assurer de ce qu'il fait. Car on ne pardonne rien à ceux qui se disent patriotes et servent d'autres intérêts. Eileen Gu en fait l'expérience chaque jour. Elle ne cesse d'être interrogée sur sa supposée déloyauté et sur son choix de représenter la Chine et de valoriser ses intérêts. C'est malheureusement le lot de tous les multinationaux, a fortiori quand ils sont aussi visibles. Il n'est évidemment pas question pour Kylian de devenir un agent de l'étranger comme on le disait aux grandes heures de la guerre froide. Mais la question va bien vite se poser pour lui et trop souvent, le fameux procès du « mauvais Français » l'accompagne. Ses prochaines prises de position ne manqueront pas de faire réagir. Cela a même déjà commencé.

Lors de son séjour au Cameroun, Kyks a été interrogé sur ses relations avec l'Algérie, le pays de sa mère, Fayza Lamari. Il a évidemment dit du bien des Fennecs, la sélection nationale algérienne, et regretté leur absence au Qatar lors de la dernière Coupe du monde. Tout en restant dans le cadre du football, la question de sa venue prochaine en Algérie s'est posée. Un tel questionnement là encore n'est pas exempt d'arrière-pensées. Les tensions entre la France et le régime algérien d'Abdelmadjid Tebboune sont vives. Les paroles du numéro 10 des Bleus ont donc d'autant plus d'impact. La perspective d'un voyage prochain qui reste à programmer et à organiser a été lancée. Les mots du joueur, pourtant fuyants et anodins, ne sont pas passés inaperçus. Ils ont fait réagir des deux côtés de la Méditerranée. Une telle visite pourrait devenir un enjeu politique pour toutes les parties, une question de sécurité nationale et une nouvelle occasion d'utiliser le football comme facilitateur géopolitique. De là à ce que le serpent de mer d'un match Algérie-France ressurgisse, il n'y a qu'un pas. Faire oublier le désastreux match France-Algérie du 6 octobre 2001, *La Marseillaise* sifflée et l'invasion du terrain revient aussi régulièrement dans les discussions. Associer le capitaine des Bleus à une potentielle rencontre diplomatique y ajoute une portée encore plus symbolique. Et ce ne serait pas un hasard si Kylian Mbappé s'y retrouvait mêlé. L'attaquant parisien constituerait en effet l'élément parfait pour raconter une autre histoire et faciliter le rapprochement entre la France et l'Algérie. Dans la perspective d'une élection présidentielle incertaine en 2027, une telle visite pourrait être une opportunité de plus à saisir en vue d'une mise en scène politique de premier plan. L'avenir le dira assez tôt.

Le fardeau n'en est pas un

En attendant, notre footballeur représente une nation entière. Son capitanat en porte le poids. Et les responsabilités ne manquent pas. Comme le suggère Amélie Oudéa-Castéra, au sujet de Kylian Mbappé, « il a une assise, une vision. Sa voix porte et quand il parle il ouvre un espace qui lui est propre. C'est unique et précieux. » Même si « l'on est bien incapable de dire ce que seront ses choix aujourd'hui », ce que l'on sait, c'est sa volonté de représenter la France et cela commence par les Jeux de Paris. Tout le monde l'espère, de la ministre des Sports au président du comité d'organisation des Jeux Paris 2024, Tony Estanguet, l'autre Français qui compte aujourd'hui. « Quand des athlètes de cette trempe qui n'ont pas forcément besoin de faire les Jeux disent que c'est un rêve et qu'ils ont envie de le réaliser, ça booste en interne. J'ai hâte de voir Kylian Mbappé en finale pour gagner une nouvelle médaille d'or après celle de 1984. J'ai vu Thierry Henry, le sélectionneur des Espoirs et de l'équipe olympique, récemment. » Et ils ont le même objectif : le titre. On n'en attendait pas moins des champions du monde 1998 et 2018.

Ce sont les deux visages de la France qui sait gagner. Et c'est sûr, ça donne envie.

12

Le clan Mbappé, creuset d'une réussite

Quand on parle de talent, il n'est pas rare d'entendre parler de miracle ou de loterie, de destin. L'inné serait responsable de tout. Évidemment, c'est faux. « Le talent est une fiction », comme l'a écrit l'essayiste Samah Karaki[109]. Une reconstruction a posteriori. Le sociologue Pierre Bourdieu va même plus loin. Il ne faudrait « conclure au talent qu'en désespoir de cause ». Et cela vaut pour Kylian Mbappé comme pour tous les autres !

Comme l'explique Pierre-Michel Menger, professeur au Collège de France, le talent est un mot pratique. Il permet « de catégoriser ce qui ne peut pas être prédit[110] ». Et c'est plutôt une bonne nouvelle. En effet, « si nous détenions l'équation explicative du succès, il n'y aurait plus d'invention, d'innovation, de plaisir pris à l'exploit ». Partons à la recherche de ce que cache le talent de Kylian Mbappé, des conditions socio-historiques qui expliquent sa réussite. L'heure est donc venue de parler de Bondy, de la famille du crack et de tous ceux qui l'entourent.

---

109. Docteure en neurosciences.

110. https://www.slate.fr/story/241129/talent-existe-t-il-travail-pratique-continue-maitrise-activite-determinisme-social

Aux origines de Kylian

Avoir du talent, c'est d'abord connaître les codes sociaux d'un univers. C'est idéal et même nécessaire pour y entrer et y réussir. À la manière des héritiers[111] de Pierre Bourdieu, les « fils de » ont plus de chance de réussir dans le milieu où évoluent leurs parents. Cela vaut pour le cinéma et la musique comme pour le football. De Raí, le frère de Sócrates et champion du monde en 1994 avec le Brésil, à Valère Germain, le fils de Bruno Germain, l'ancien pro passé par l'OM et le PSG, les exemples ne manquent pas.

Donnons maintenant la parole à Simon Kuper, le journaliste du *Financial Times* installé à Paris. Son récit de la finale de la Coupe du monde 2018 est éloquent. Tout y est. « À Bondy, une foule peinte aux couleurs tricolores a regardé la finale de la Coupe du monde sur un écran géant érigé sur son ancien terrain de football. Inévitablement, Kylian Mbappé a marqué. Le lendemain, ce dernier a regardé par la fenêtre du bus de l'équipe de France les Champs-Élysées bondés, et il s'est émerveillé de la joie des gens. Mbappé était déjà passé au défi suivant. "Il le fait pour nous, mais aussi pour ses grands-parents camerounais et algériens qui ont commencé tout en bas de l'échelle", explique sa mère, Fayza Lamari[112]. »

Avec ces quelques mots, Simon Kuper saisit la trajectoire du champion et les débuts de la légende familiale. Tout est brossé à grands traits. Dans la fabrique d'une superstar du football comme Kylian, plusieurs critères ressortent. Il faut

111. Pierre Bourdieu, *Les Héritiers*, Éditions de Minuit, 1964.
112. https://www.ft.com/content/35e2ebb1-2d2a-4b8a-a7e4-49117b82a479

considérer le lien au territoire, la filiation qui mène l'enfant de Seine Saint-Denis jusqu'au toit du monde, l'ambition du prodige et le poids de la structure familiale dans son affirmation.

Bondy puis le monde

Pour le sociologue Manuel Schotté, le lieu d'origine est un des facteurs importants pour expliquer la réussite des enfants. « Il y a ainsi des filières, ancrées dans des territoires, qui participent à la fabrication de sportifs plutôt que de politiques. » Le journaliste du *Guardian*, Philippe Auclair, en parle très justement. Pour devenir Kylian Mbappé, « il faut d'abord naître et grandir au bon endroit, au bon moment[113] ». Ce sera Bondy, 93. « Le club local, l'AS Bondy, où Wilfried, le père de Mbappé, entraînait les moins de 15 ans, a formé plus d'une douzaine de professionnels de haut niveau. Parmi eux, l'attaquant Jonathan Ikoné, champion de France avec Lille, désormais avec la Fiorentina et plus récemment le défenseur d'Arsenal William Saliba, membre de l'équipe de Didier Deschamps au Qatar. »

Comme le souligne justement le journaliste installé à Londres, « la qualité des infrastructures et de l'encadrement dont bénéficie la jeunesse locale » a eu un rôle important. L'accès libre aux terrains et la possibilité de jouer dans de bonnes conditions sont des atouts. Ils contrebalancent également l'image de territoire périphérique qui accompagne la commune de Seine-Saint-Denis. Pour

113. https://www.theguardian.com/football/2022/dec/09/project-mbappe-the-making-of-frances-football-superstar

comprendre la progression de Kylian, l'écosystème bondynois joue à plein. Mais cela ne suffit pas.

Comment réussir ?

On ne réussit jamais seul, même quand on s'appelle Kylian. Il faut être entouré et savoir s'entourer. Le capitaine des Bleus est le fruit d'une éducation et le résultat de la rencontre entre un environnement familial attentif, une expérience du sport de haut niveau, un encadrement exigeant et le potentiel d'un enfant. Pour Samah Karaki, « dans nos sociétés, il y a une forme de fascination pour les réussites individuelles, pour ceux qui se feraient tout seuls ». L'histoire romancée de Kylian n'échappe pas à la règle. Il le sait et il en joue. Il performe mais il n'explique rien. Sa stratégie de communication est habile.

Dans le récit qu'il nous sert, cette autovalorisation est constante. Question d'ego, de protection et de réassurance. « C'est plus séduisant de croire que ce qui fait nos performances réside en nous[114] », renchérit l'essayiste pour Slate.fr. Le récit du « projet Mbappé » construit autour de son talent fonctionne comme un écran.

Pour Pierre Rabadan, l'expressivité du Bondynois est un atout. « Quand il s'exprime, il est en maîtrise. Il a une facilité qui lui permet de séduire. Par rapport à son exposition, il fait très peu de fautes, il est en maîtrise malgré la visibilité qu'il a, l'attention qu'il suscite. Chaque message est pesé. Il ne glisse pas. Il mesure les conséquences de chaque mot qu'il emploie, de chaque phrase qu'il pose. »

114. https://www.slate.fr/story/241129/talent-existe-t-il-travail-pratique-continue-maitrise-activite-determinisme-social

Pour autant, cette aisance verbale et sa facilité à communiquer nous empêchent de penser, de trop chercher. L'image du diamant brut, le stéréotype du potentiel hors normes ne font pas tout. Ce sont des clichés. Le storytelling est trop maîtrisé. Il y a une zone d'ombre à dévoiler. Privilégier l'inné et l'évidence du talent est plaisant, mais cela ne suffit pas. Une telle trajectoire ne s'improvise pas dans le sport de haut niveau. Il faut considérer l'importance du travail, des acquis sociaux et de l'héritage familial.

C'est d'ailleurs l'un des rares moments où le joueur oublie de parler de lui. Dans une vidéo de COPA90[115] en 2018, Kylian nous donne une clé de compréhension. Il explique lui-même le poids du facteur familial : « Sans eux, ce serait impossible. Quand j'ai de mauvais moments dans ma carrière, mes parents sont là pour moi à chaque fois. Sans eux, je ne pense pas que j'aurais tout ce que je fais en ce moment. Ils me montrent la bonne façon d'être et j'ai vraiment de la chance d'avoir ces parents. On a toujours fait les choix ensemble, en famille. Je pense que c'est la meilleure force possible, c'est quelque chose qui m'a emmené et qui m'a permis d'arriver ici. »

La singularité de Kylian Mbappé ne se limite pas à sa propre personne. Elle la dépasse. Le contexte familial est ici essentiel pour comprendre la construction et la trajectoire du Bondynois. Comme tous les héritiers qui grandissent dans un univers propice, Kyks est le résultat d'un environnement, le produit d'un clan.

115. Kylian Mbappé : 93 Famille, COPA90 Football. https://youtu.be/M3coBede9bc?si=ldN1qzTlDjjBuuys

Le jeu des sept familles de Kylian

On ne devient pas Kylian spontanément. François da Rocha Carneiro, l'historien des Bleus, l'explicite : « Mbappé, c'est un clan et c'est aussi l'idée d'une certaine fabrique du citoyen. » Philippe Auclair confirme : « Le jeune Mbappé n'aurait guère pu rêver d'un environnement plus favorable s'il avait voulu devenir un athlète d'élite, et c'est exactement ce qu'il désirait, dès son plus jeune âge. » Pour Thibaud Leplat, « c'est le produit d'un milieu, de plusieurs types de classes sociales où la famille est extrêmement présente ».

L'ancien international français, Yoann Gourcuff, l'a expérimenté avant lui. Il connaît le poids de la famille dans la réussite d'une carrière de footballeur. Dans la préface qu'il accorde au livre retraçant l'histoire de son entraîneur de père, il revient dessus : « Le footballeur acquiert des compétences avec le temps, certes, mais il y a aussi une part d'inné qui provient avant tout de l'éducation. » Et il parle en connaissance de cause, lui qui a été formé par son père.

Dans la famille de Kylian Mbappé, il y a d'abord Wilfried, le père éducateur, entraîneur et ancien footballeur. Il s'occupe du terrain. Il y a ensuite Fayza Lamari, sa mère, algérienne d'origine kabyle et ancienne handballeuse professionnelle. Elle sait ce que la performance implique et requiert au quotidien. C'est elle qui s'occupe de tout ce qui se déroule hors du stade, et notamment de l'association IBKM.

Dans le cadre d'une famille stable, rassemblée et élargie, Kylian a pu grandir, s'épanouir, tout comme son frère Ethan, lui aussi devenu joueur professionnel au PSG. L'éducation que l'international français a reçue lui a permis de réaliser son potentiel et de développer ses qualités multiples. L'environnement familial, composé d'enseignants, d'éducateurs et de proches engagés, l'a aussi challengé, avec rigueur. Kyks n'a pas été limité au terrain. Le jeune homme a été sollicité au quotidien. Cela tombe bien. Le jeune Kylian est un enfant précoce et ses besoins sont différents, plus importants. Si ce terreau explique notamment ses qualités d'expression et son ouverture au monde, cet entourage favorable est une des clés de son parcours et de son éveil.

À ce premier cercle familial s'ajoute un frère adoptif plus âgé, Jirès Kembo-Ekoko, de dix ans son aîné. Arrivé du Zaïre, il est le fils de Jean Kembo, un international congolais. Le jeune garçon est accueilli par les Mbappé-Lottin, les parents de Kylian, à l'âge de 9 ans. Il devient un membre de la famille à part entière. Ils s'occupent de lui. Son parcours lui permet d'intégrer l'INF Clairefontaine et le Stade Rennais. Jirès est le premier footballeur professionnel de la famille et Kylian en est très proche. Il fait même figure d'inspiration pour l'attaquant français. Avec Jirès, Kylian a quelqu'un qui lui ouvre la voie.

Comme nous l'explique Yacine Hamened, Jirès Kembo a été plus qu'un modèle. « Il faisait partie de la famille et il compte beaucoup dans l'histoire. Même si ce n'est pas du tout les mêmes qualités, même s'il n'était pas aussi fort, la trajectoire de Jirès a permis à Kylian et à sa famille de comprendre les écueils à éviter et ce qu'il fallait faire. Ils ont approché la manière dont se gèrent les carrières, la façon de discuter avec les clubs… » La carrière de Jirès Kembo a constitué une leçon, une première approche du professionnalisme. Elle a ouvert une porte et contribué à façonner celle de Kylian Mbappé, en évitant certaines erreurs. À la manière d'une « version enrichie, d'une copie mise au propre », comme on peut l'entendre parfois dans le milieu.

Au départ, c'est cela le « projet Mbappé ».

Au fil des saisons et des années, l'environnement s'est professionnalisé comme le confirme Philippe Auclair. Contrairement aux usages, « les agents potentiels ont été laissés de côté : à ce jour, le footballeur le plus précieux du monde n'en a pas ». En effet, c'est l'avocate parisienne Delphine Verheyden qui s'occupe de défendre ses intérêts – ses compétences sont à l'image de la liste des sportifs français de premier plan qu'elle conseille comme Kevin Mayer ou Teddy Riner.

Cet entourage compose le noyau dur autour duquel se construisent la carrière du joueur et le développement de sa marque. Malgré la séparation du couple Mbappé en 2021, la stabilité autour du joueur demeure, même si ce dernier a désormais pris son indépendance. D'autres conseillers, plus ou moins proches, se sont greffés à ce cercle de confiance.

L'ancien journaliste de *L'Équipe* Bilel Ghazi fait profiter le joueur de sa connaissance des médias. Julien Maynard, l'ancien journaliste de Téléfoot, devenu responsable de la communication de l'équipe première du PSG, apparaît proche du joueur. Patricia Goldman et son agence de conseil en communication ont accompagné la fondation de l'attaquant, Inspired by KM, après s'être occupés du lancement de sa bande dessinée autoéditée, *Je m'appelle Kylian*. Comme le souligne Philippe Auclair, l'entreprise Mbappé apparaît plus restreinte que la multinationale que l'on décrit souvent : « Alors que d'autres mégastars du football peuvent employer directement ou indirectement des centaines de personnes, l'équipe Mbappé est composée de trente personnes au maximum, dont la majorité sont des personnalités périphériques qui n'interviennent que lorsque leur aide est nécessaire. Compte tenu de la taille de l'entreprise Mbappé, il s'agit d'un chiffre faible par rapport à l'entourage pléthorique dont s'entourent d'autres footballeurs. » Nous sommes très loin de la firme construite autour de Neymar par son père ou de la vingtaine d'amis qui l'accompagnent régulièrement depuis son départ du Brésil.

« Deviens ce que tu es. »

Le « projet Mbappé » et l'encadrement dont bénéficie le joueur sont typiques du modèle familial de développement et de production de la performance, comme nous l'a rappelé Patrick Roux, le responsable du pôle de haut niveau à l'INSEP. La famille, consciente du potentiel du jeune garçon et à l'écoute de ses envies de jeune footballeur, a mis en place les conditions de sa réussite. Et l'ensemble s'est professionnalisé progressivement pour atteindre la structure actuelle.

Kylian Mbappé a donc grandi dans des conditions favorables à l'émergence de son potentiel. « Il est né dans le football », comme le rappelle Philippe Auclair. À 10 ans, Nike lui offrait déjà des chaussures gratuites et il était convoité par les plus grands clubs. À 12 ans, toute l'Europe le connaissait. Le Real Madrid était tellement intéressé que c'est Zinédine Zidane lui-même qui est allé le chercher en voiture pour lui présenter Cristiano Ronaldo et lui faire visiter les infrastructures de la Maison Blanche. À cette époque, Kylian avait seulement 13 ans.

Pour l'universitaire Guillaume Dietsch, auteur d'*Une histoire politique de l'EPS*[116], le cas de Kylian Mbappé est d'autant plus intéressant qu'il sort en réalité du simple déterminisme social. Le joueur est plus fort que Bourdieu. Il ne profite pas d'un seul et unique capital social. Une pluralité de socialisations et de facteurs caractérise son ascension. En cela, la réussite de Kylian Mbappé tient plus de *L'Homme pluriel* du sociologue Bernard Lahire que des *Héritiers*. La famille n'a pas suffi, le joueur a sans cesse appris de ceux qui l'entourent. De la figure de Thierry Henry en passant par son frère adoptif jusqu'aux réactions de rejet de deux de ses entraîneurs à Monaco, Bruno Irles et Leonardo Jardim, le joueur s'est construit en profitant de multiples influences. C'est à cet environnement élargi qu'il doit d'exprimer pleinement son potentiel. Comme le souligne Pierre Rabadan, il a eu la chance d'avoir de tels parents. La qualité de l'environnement a compté énormément pour faire du joueur ce qu'il est. Cela se voit à « sa capacité à performer et à anticiper, mais aussi à sa volonté de maîtriser, de manière précise, chaque étape de son parcours sportif et extra-sportif ». Le récit qu'il en fait est aussi un marqueur. C'est une rareté chez un sportif français.

Mais croire que l'environnement et la famille font tout, c'est négliger un élément important : la personnalité du jeune Kylian. Comme le rappelle Philippe Auclair, « dès

116. Serge Durali, Guillaume Dietsch, *Une histoire politique de l'EPS. Du* XIXe *siècle à nos jours*, De Boeck, 2022.

le départ, sa trajectoire s'est inscrite dans un projet élaboré par des parents pour qui leur enfant n'était pas un atout à développer et à exploiter, mais un acteur pleinement conscient et responsable, impliqué dans le processus de décision. » L'héritier était entouré mais il n'était pas comme les autres. Il était volontaire, responsabilisé et déterminé. Ce sont toutes ses dimensions qu'il faut concilier pour comprendre Kyks. Elles sont typiques de la socialisation complexe d'un champion d'exception. À l'âge de 14 ans, c'est Kylian Mbappé lui-même qui a refusé les avances de grands clubs comme Chelsea, le Real Madrid et d'autres encore pour rester en France et inscrire sa trajectoire dans une progression planifiée et maîtrisée.

Amélie Oudéa-Castéra souligne l'importance de certains traits de sa personnalité qui expliquent son ascension. « Il apprend de ses erreurs, il les corrige quand il en fait. Il est dans une démarche de remise en cause et de progression continue. Pour être constamment dans la performance, il s'ajuste sans cesse. Il a cette plasticité, cette capacité uniques à s'améliorer. Il intègre l'expérience vécue, avec intelligence, pour que le progrès aille beaucoup plus vite. Plus qu'un surdoué, il a le côté prodige qu'avait Mozart quand il était tout petit. Ce que j'ai vu chez Kylian Mbappé, c'est ce que j'ai vu chez Martina Hingis[117], une capacité à avoir dans la tête un processeur qui te décrit tout ce qui se passe autour de toi, très vite pour que tu puisses corriger tout aussi rapidement et t'adapter pour performer et gagner. »

117. Martina Hingis est une tenniswoman suisse. C'est la plus jeune gagnante d'un titre du Grand Chelem en simple dans l'ère Open, et la plus jeune numéro un mondiale de l'histoire du tennis.

Pierre Rabadan, là encore, est admiratif : « Il fait le job, il dit ce qu'il fait et fait ce qu'il dit. Il délivre. » Et pourtant, il reste au service du collectif sans se mettre en avant. Une autre dimension qu'ont soulignée nos interlocuteurs, c'est l'absence des codes habituels du football de très haut niveau. Mbappé ne perd jamais de son espièglerie, même s'il s'agace. Il relativise son sport, il est d'abord là pour s'amuser. En dehors de certaines bouderies, il a toujours l'ombre d'un sourire aux lèvres. Il n'affiche pas non plus le machisme viriliste du milieu dans lequel il évolue. Il refuse les signes extérieurs et la superficialité qui accompagnent traditionnellement les footballeurs. L'art de la distinction est une de ses caractéristiques.

C'est pour cela qu'il est un *game changer*. Il intrigue autant qu'il dérange les habitudes. Et pourtant, il garde sa crédibilité. Pour lui, tout cela n'est qu'un jeu, un jeu dont il a fixé les règles dès le début. Comme le dit Philippe Auclair, il reste « un joueur à part[118] ».

Un clan qui peut excéder

Thibaud Leplat est plus nuancé. Il fait partie de ceux qui se méfient du storytelling de la star et de l'histoire officielle présentée comme une vérité. « Je suis plus inquiet sur la dérive de son personnage et l'hégémonie de son entourage. Une espèce de complaisance s'est installée et finalement son profil devient très clivant au fur et à mesure. Le risque est que cela finisse par se retourner contre lui. » En effet, depuis ses sorties médiatiques en 2023, les réserves ne

118. https://www.theguardian.com/football/2022/dec/09/project-mbappe-the-making-of-frances-football-superstar

manquent pas. Ses différents atermoiements autour de ses prolongations à Paris suscitent également des réactions croissantes. Elles vont du dépit à la lassitude, en passant par le rejet. Le joueur rassemble moins qu'avant. Or, des réactions à l'opposition, il n'y a qu'un pas.

Pour le philosophe, le fonctionnement de son clan n'aide pas. Le côté « si tu n'es pas avec moi, tu es contre moi » est parfois compliqué à appréhender de l'extérieur. Mais celui qui a été le plus virulent sur la question, c'est Zlatan Ibrahimović. Dans une interview donnée en 2022 à Canal+, il visait notamment le joueur et cette nouvelle génération aux entourages omniprésents. Pour lui, « Mbappé, comme joueur, est fantastique. Mais il y a une raison pour laquelle Zidane est Zidane. Mbappé veut l'imiter ? Qu'il commence à avoir envie de progresser. Pas d'être satisfait. » Pour l'ancien Parisien, « Kylian Mbappé s'est mis dans une situation de confort où il est plus important que le club. Et le club lui a donné les clés pour ça. Or, tu n'es jamais plus grand qu'un club. » L'attaque est frontale, comme à chaque fois avec Ibra. D'une certaine manière, elle illustre aussi les dérives de ce que certains appellent le « projet Mbappé ». Le footballeur devient un personnage qui oublie l'essence du jeu qu'est le terrain. Et son entourage prend une place démesurée qui nuit à la réalisation de son plein potentiel, après lui avoir paradoxalement tant apporté. Zlatan est même plus explicite. Il appelle chacun à rester à sa place et à comprendre ses limites. « Quand un enfant devient fort, il peut facilement gagner de l'argent. Alors ses parents deviennent avocats, agents, entraîneurs. D'une chose, ils en deviennent une autre. Et c'est ça le problème. C'est là que tu perds ton autodiscipline et qui tu es. Aujourd'hui avec cette nouvelle génération, les parents, papa, maman, qui tu veux, ils pensent être devenus des stars. Ils parlent dans les journaux. Mais pour qui tu te prends ? Tais-toi. C'est à ton fils, le joueur, de travailler et d'avoir de la discipline[119]. » Le message est passé. L'absence de subtilité habituelle du Suédois n'a pas changé. Mais il touche juste. L'héritage du joueur et sa trace dans l'histoire du football sont en jeu. Le spectre du bilan viendra suffisamment tôt.

Une désillusion est possible. À un moment, comme le dit Thibaud Leplat, « sa carrière de football va s'arrêter. Il y aura la question de l'après et de la déception. C'est ça qui est intéressant. Dès qu'il ne va plus jouer au foot, il va être en danger. Ce qui était sa force jusqu'à présent va devenir un problème. » Il restera des souvenirs, des impressions et des statistiques. L'histoire laissée derrière lui. Alors une seule question vaudra : la promesse de grandeur qu'il nous a faite aura-t-elle été tenue ?

119. https://www.football365.fr/ibrahimovic-sort-sulfateuse-contre-mbappe-parents-10070389.html

13

Les limites du phénomène

« Vous n'êtes pas contents ? Triplé ! », balance-t-il d'un ton sec et insouciant. C'est au micro de Canal+ en 2018. La finale malheureuse du Mondial 2022 est une belle mise en application de cette déclaration frondeuse. Elle symbolise extrêmement bien les différentes facettes de l'homme qui pointe derrière Kylian Mbappé, le joueur. Cette finale a fait ressortir l'errance occasionnelle du phénomène. Elle montre sa capacité de réaction, digne des plus grands, sa force mentale, sa capacité à emmener un groupe le temps d'un match décisif. Mais elle montre aussi un autre versant de sa personnalité. Malgré la défaite, il a marqué, par son triplé, son mano à mano avec Messi dans la course au Ballon d'or. Le renversement de scénario qu'il a initié au cœur d'une finale devenue exceptionnelle appartient désormais à l'histoire des finales de Coupe du monde. Elle sert aussi celui qui l'a servie.

Un leader ? Quel leader ?

Ces quelques minutes qui appartiennent déjà au panthéon du football sont un condensé sur mesure du héros des temps modernes. Le jeune âge, le manque de maturité et d'expérience n'ont jamais été un obstacle chez Kyks. Chaque saison regorge d'exemples. L'exercice 2023-2024, marqué par une préparation tronquée, l'a vu démarrer lentement, réaliser des prestations en dents de scie et manquer d'efficacité. Les débats dès lors se sont immédiatement focalisés sur la star, les doutes s'accumulant et les reproches s'accentuant. Mais qu'est-ce qu'on vous a dit ? Pas contents ?

13 octobre, Pays-Bas-France en éliminatoires de l'Euro. Si les Bleus gagnent, ils seront qualifiés. Une reprise de volée d'entrée de jeu, puis un enroulé splendide et la France l'emporte. Quelques jours plus tard, il débloque là encore la situation au Parc des Princes contre Milan en Ligue des champions. Euro 2021, Mondial 2022, les désillusions européennes avec Paris, Mbappé a toujours surmonté les obstacles pour revenir plus fort. La résilience d'un champion face à l'échec. « Si on a perdu, c'est qu'on devait perdre. Je pars du principe que c'est toujours comme ça. Je vois les choses ainsi. Ce n'est que partie remise. Je pense qu'on va en gagner une encore. Le groupe a cette envie, ce rêve-là. J'espère dire dans quelques années que c'était un mal pour un bien. J'ai appris à vivre avec ça et ce n'est plus du tout une douleur pour moi. Ça fait partie de l'histoire, c'est du passé », admettait-il après le sacre des Argentins, faisant écho aux mots du philosophe Emil Cioran : « L'échec, même répété, paraît toujours nouveau,

alors que le succès, en se multipliant, perd tout intérêt, tout attrait. Ce n'est pas le malheur, c'est le bonheur, le bonheur insolent, il est vrai, qui conduit à l'aigreur et au sarcasme. »

Kylian Mbappé rend presque impossible la critique sportive. Au risque pour son auteur qu'elle devienne obsolète voire ridicule à tout moment. C'est la marque des grands. Toujours pas contents ?

Le terrain suffit-il pour autant à faire des grands joueurs des êtres intouchables, inattaquables ? Son talent, sa capacité à déplacer des montagnes et faire triompher son équipe font-ils forcément de lui un leader ? On touche ici du doigt les limites du phénomène. Le plus expressif à ce sujet est probablement Leonardo, ancien directeur sportif du PSG (2011-2013 ; 2019-2022). Il a connu l'attaquant lors de son second mandat au sein de la direction parisienne. C'est un secret de polichinelle, les deux hommes n'ont jamais été très proches. Alors, au moment où l'avenir de Mbappé agite la chronique lors de l'intersaison 2023, le Brésilien ne mâche pas ses mots dans les colonnes de *L'Équipe*. « Avec son comportement ces deux dernières années, Mbappé démontre qu'il n'est pas encore un joueur capable de guider vraiment une équipe. Il est un grand joueur, pas un leader. Il est un grand buteur, pas un créatif. C'est difficile de construire une équipe autour de lui [...]. Le Paris Saint-Germain existait avant Kylian Mbappé et il existera après lui. Cela fait six ans qu'il est à Paris et, sur ces six saisons, cinq clubs différents ont remporté la Ligue des champions. Aucun ne comptait Mbappé dans ses rangs. Cela veut dire qu'il est tout à fait possible de gagner cette compétition sans lui. » Le tacle est appuyé. Est-il justifié ?

Qu'est-ce qu'un leader ? Le site Perspective Monde définit le leadership comme « la capacité d'un individu à mener ou conduire d'autres individus ou organisations dans le but d'atteindre certains objectifs. On dira alors qu'un leader est quelqu'un qui est capable de guider, d'influencer et d'inspirer. » La notion de leader est plurielle. Ils sont nombreux à l'avoir pensée. Parmi eux, le plus grand diplomate du XXe siècle, l'Américain Henry Kissinger, s'est risqué à en faire un ouvrage[120] dans lequel il donne sa définition : « Les leaders pensent et agissent à l'intersection de deux axes : le premier, entre le passé et l'avenir ; le second entre les valeurs immuables et les aspirations de ceux qu'ils dirigent. »

Les théories sur le leadership aussi varient. Les philosophes et les sociologues s'en délectent. Les définitions foisonnent. Il y a le leadership authentique, basé sur la nature même des individus, le leadership transformationnel, davantage créatif et innovant. La docteure en philosophie Laura Lange pense quant à elle le concept à l'aune de notre époque. Elle se demande comment faire autorité dans un monde qui tend vers l'horizontalité. Comment créer un collectif dans un monde de plus en plus individualiste et numérique ? Ou encore, comment distinguer le leadership (qui renvoie au collectif) du *leader cheap* (qui impose son pouvoir) ? On ne sait pas trop où se situe Mbappé face à l'idée de leadership. Est-il devenu un leader ? L'a-t-il déjà été ou bien le sera-t-il un jour, comme jadis le furent le Cruyff des grandes années, le taulier Beckenbauer ou bien Maradona, l'homme du peuple ?

120. Henry Kissinger, *Leadership. Six études de stratégie mondiale*, Fayard, 2023.

Le prince de Bondy marque des buts. Il demeure décisif et offre des succès précieux comme à Barcelone et à Munich en Ligue des champions (2020-2021). Et c'est ce qu'on attend de lui en premier lieu. Il est très fort et le sait. Ses interviews, rares mais précieuses, sont un condensé d'assurance, de prétention et d'ambition. « Je repousse les limites pour moi d'abord. Les gens n'aiment pas trop qu'on dise ça, mais une carrière, c'est égoïste, c'est la tienne, c'est ce que tu laisses en héritage. De base, je suis un éternel insatisfait, donc je ne suis jamais impressionné par ce que je fais. C'est déjà une première clé pour me comprendre car tout ce que je réalise, je me dis que je peux le refaire et en mieux[121] », assénait-il à l'été 2023. C'est remarquable de franc-parler. C'est tout lui et c'est bien l'essentiel. Il est son propre moteur. Dans ce registre, il n'a rien à envier à Cruyff qui très tôt estimait pouvoir être le nouveau Di Stéfano, ou bien le roi Federer qui, dès ses jeunes années, était « poli mais savait bien qu'il était excellent. Les Suisses ont dû calmer quelque peu ses ardeurs pour qu'il représente le héros helvétique parfait[122]. »

Lorsqu'on lui demande ce qu'il manque au PSG pour gagner la Ligue des champions, le joueur se défausse. « Je ne sais pas, ce n'est pas trop une question pour moi. On a fait ce qu'on pouvait, point. Il faut parler aux gens qui font l'équipe, qui organisent l'effectif, qui construisent ce club. Parfois, dans le football, tu es confronté à ce qu'on appelle un plafond de verre. C'est pour ça que ce n'est pas

121. Dans *France Football.*

122. Simon Kuper, « Bestial et angélique à la fois », *in Bulletin spécial du Crédit Suisse : Héros. Les moments magiques du sport*, numéro 3, juin-juillet 2012, p. 6.

trop une question pour moi mais plus pour au-dessus. » C'est peut-être là que le bât blesse. Ces déclarations sont-elles compatibles avec le recul, la grandeur, le dévouement qu'on est en droit d'attendre d'un vrai patron ? Yacine Hamened, auteur des *Hors-jeu du football français*[123], est direct : « Ce n'est pas un leader, il n'en a pas du tout le comportement. D'ailleurs, dans son interview pour *France Football*, il parle d'une carrière qui se gère de façon égoïste. Tu ne peux pas être un leader et parler comme ça. Quand le PSG était en difficulté, ce n'est pas lui qui l'a sorti de là. Et je ne parle pas des matchs à Metz où tu joues le titre et il met deux buts, c'est le moment où tu es moins bien et il va te prendre un ballon pour stopper l'hémorragie, faire remonter le bloc, pour tirer les autres avec lui par la parole. Ce n'est pas un leader. Son comportement avec Vitinha qui vient d'arriver, le fait que celui-ci ne lui fasse pas la passe et que Mbappé s'arrête au milieu du terrain, qu'il arrête complètement l'action pour que tout le monde le voit, ce n'est pas une attitude de leader. Ne pas donner le ballon à Neymar sur le PSG-Juve à 2-0 le montre aussi. Ce n'est pas un leader mental. Après c'est un leader parce qu'il finit les actions et qu'il finit le travail. D'après moi, ce n'est pas la définition d'un leader. Malgré tout, il est jeune, il a 25 ans. Il peut le devenir mais quand j'entends ses interviews, il n'a pas du tout la mentalité d'un leader, il a la mentalité d'un mec qui veut marquer son sport, mais pas de quelqu'un sur lequel une équipe peut s'appuyer. » Yacine Hamened n'est pas le seul à le penser. Christophe Dugarry n'est pas non plus tendre avec lui. Selon l'ancien Bordelais

123. Yacine Hamened, *Les Hors-Jeux du football français, op. cit.*.

et champion du monde, Mbappé est « coupable de ne pas avoir montré l'exemple à ses coéquipiers face au Borussia Dortmund, en Ligue des champions » lors du match capital de décembre 2023. Il précise même sa pensée, que partagent de nombreux suiveurs et supporters : « Quand on veut être le leader du PSG, il ne faut pas penser qu'on brille toujours en étant décisif. L'exemplarité est capitale dans ce genre de match. Ses qualités ne sont pas à remettre en cause, mais il n'a pas montré l'exemple dans le pressing, le contre-pressing… Je lui reproche son attitude. Il se savait attendu sur ce match. Il a subi. Il n'a harangué ses coéquipiers qu'à la fin, pour se plaindre. Il s'est contenté du minimum. Il doit se mettre dans la tête qu'un leader doit montrer l'exemple et se sentir concerné. J'ai le souvenir de Zizou. Quand tu le voyais faire autant d'efforts, autant courir, autant défendre, tu étais obligé de te bouger. Zizou était un collectif, lui est un individualiste. »

Avec Mbappé, les critiques s'aiguisent. Tout se mêle et les qualificatifs s'imbriquent : égoïsme, manque d'esprit collectif, excès de confiance en soi. Il est difficile de détacher les reproches des buts marqués. Ses performances fascinent parfois mais elles agacent le plus souvent au regard de ce qui les accompagne. Il faut ajouter à cela ce soupçon d'arrogance, cette expression dénuée de prudence qui peut être à la fois un gage de qualité et un handicap. Un point faible. Il sait d'où il part, où il veut arriver – il ne cesse de le rappeler. Il ne s'embarrasse pas des fioritures habituelles lors de ses discours publics. Ça passe ou ça casse. Être le plus grand, avec ou sans les autres. Avec, mais sans trop d'autres. En Bleu, les débuts ont été électriques. Avant qu'il ne s'impose comme le facteur X de la sélection nationale, les tensions ont existé. Dès 2014, et surtout en 2016 avec la finale de l'Euro perdue, Deschamps s'est appuyé sur un noyau dur de cadres qui l'emmèneront au sacre en 2018. Pour la plupart, ils seront encore là en finale quatre ans plus tard. Lloris, Varane, Griezmann, Giroud. Entre autres. Alors, quand Mbappé déboule à Moscou comme l'étoile montante du football tricolore, les repères sont chamboulés, les statuts mis à mal. Et les tensions apparaissent de facto. Vivement même, durant la phase de poule. Des discussions avec le sélectionneur puis la rencontre hors sol qu'il livre contre l'Albiceleste en huitième de finale normaliseront les rapports entre le sélectionneur, le joueur et les autres sélectionnés. « Lorsqu'un surdoué arrive, il agace forcément. Gourcuff c'était pareil, avec en point d'orgue Knysna en 2010. Le football est un monde où tout le monde se tient, se regarde, est une menace pour l'autre. Et Mbappé, dans ce registre, est une arme atomique », estime Dominique Séverac du *Parisien*.

Plus qu'un tempérament, Mbappé est un ego. Surdimensionné ? « À chaque fois que je rentre sur un terrain, je me dis toujours que je suis le meilleur et pourtant j'ai joué sur des terrains où il y avait Messi et Cristiano Ronaldo. Ce sont de meilleurs joueurs que moi, ils ont fait un milliard de choses de plus que moi. Mais dans ma tête je me dis toujours que je suis le meilleur parce que comme ça, tu ne te donnes pas de limites et tu essayes de donner le meilleur de toi-même. Bien sûr, parfois les gens ne comprennent pas parce que je pense qu'il y a peut-être aussi cette barrière qui est créée par rapport à ce sujet-là, où l'on n'explique pas vraiment ce qu'est l'ego. Pour les gens, l'ego c'est juste ne pas donner un penalty à un copain, avoir un meilleur salaire que le joueur de l'équipe rivale. Ce n'est pas que ça, c'est aussi dans la préparation. C'est quelque chose de personnel, se surpasser, c'est bien au-delà de ce truc superficiel de dire “moi je, moi je”. Mais je pense qu'il y a pas mal de choses à dire sur ça[124]. » Du Mbappé dans le texte.

L'ego, ami ou ennemi du sportif ? Le champion est champion à l'instant T, dans une discipline précise. Il en a besoin pour persévérer et performer. Cela lui confère une aura mais aussi une fragilité. Son statut n'est pas éternel. D'autres l'ont précédé et il aura des successeurs. Revenir à une forme de réalité n'est pas le plus aisé. C'est valable dans toutes les composantes de la société, y compris les plus hautes sphères. Jacques Chirac en avait conscience : « Je n'ai pas le culte de ma propre personne. Le passé m'intéresse, mais pas forcément le mien. Ma place dans l'histoire sera modeste par la force des choses. Je l'admets sans difficulté[125]. »

« Quelqu'un qui a un vrai talent aura forcément un ego, car son talent l'amènera à être plus exposé, parfois médiatisé. Avoir un ego est aussi un moteur de motivation. La vraie star est toujours là quand on a besoin qu'elle *livre* quelque chose », confie l'ancien président du Stade de Reims, Christophe Chenut, dans son ouvrage *Ingérables !*[126] L'ancien entraîneur rouge et bleu, Mauricio Pochettino (2021-2022) confirme dans *The Athletic* : « Bien sûr, Kylian a un ego, mais dans le bon sens du terme. Tous les

124. Interview accordée à RMC Sport en avril 2021.
125. Jean-Luc Barré, *Chirac confidentiel*, Fayard/Pluriel, 2021.
126. Christophe Chenut, *Ingérables !, op. cit.*

grands joueurs ont un gros ego. C'est impossible de ne pas en avoir. Et il est difficile de gérer une telle pression à un si jeune âge[127]. »

L'épreuve de la grandeur, l'idée que développe la sociologue Nathalie Heinich, prouve qu'il n'est pas facile de réussir. La performance a un coût. Il n'est pas aisé non plus, paradoxalement, de supporter sa propre réussite. La sociologue prend en effet l'exemple des prix littéraires pour expliquer cette idée d'épreuve. Ces derniers opèrent un changement spectaculaire, instantané et durable dans la grandeur qu'on attribue à la personne primée. Tout change brutalement. La reconnaissance par l'environnement extérieur de son talent, la notoriété et la fortune. Tout prend une autre ampleur et il faut savoir accepter cette épreuve. Le fait d'être primé et distingué implique une « difficulté à vivre un "écart de grandeur" entre soi et autrui, ou entre les différents moments de soi-même. Problèmes de cohérence identitaire, d'envie, de justice, de conciliation entre grandeurs hétérogènes : l'épreuve de la reconnaissance, centrale dans le domaine de la création, est particulièrement sensible aujourd'hui dans les démocraties modernes[128]. » Mbappé est très certainement confronté à ce challenge entre lui et lui-même, à cette « épreuve de la grandeur ».

Le champion a aussi besoin des autres. Mbappé n'aurait probablement aucun titre international sans le labeur de Griezmann, Matuidi, Kanté et compagnie, tout comme Messi ne serait pas Messi sans le Barça du siècle, ou Ronaldo, cet immense champion, sans l'aide de ses camarades du

---

127. Le 8 décembre 2022.

128. Nathalie Heinich, *L'Épreuve de la grandeur. Prix littéraires et reconnaissance*, Gallimard, 2000.

Real, de la Juve ou de Manchester. L'ego, l'estime de soi, l'égoïsme du champion se heurtent à la notion de collectif. « L'organisation d'une équipe fait que chacun dépend de l'autre. Une équipe, c'est une communauté humaine, dont chaque membre doit compenser les manques des autres. En cela, le football fait société. L'équipe, comme la religion, unit ses membres[129] », défend Haïm Korsia, grand-rabbin de France. Or s'extraire du collectif crée une rupture, une contradiction majeure.

Pour avoir évolué durant deux saisons aux côtés de Lionel Messi, considéré par beaucoup comme le plus grand joueur de tous les temps, Kylian Mbappé souffre de la comparaison. Outre son talent unique, la Pulga a su devenir un leader avec le temps… avec en point d'orgue ce rôle ultime de guide à Doha, en 2022. S'il n'est ni charismatique ni grande gueule, l'octuple vainqueur du Ballon d'or fait l'unanimité et consensus par le respect qu'il impose dans un vestiaire. Le temps et l'âge n'y sont pas étrangers. « Leo est une personne extraordinaire et un champion digne d'entrer dans l'Olympe du football avec Pelé et Maradona. Si vous partez à la guerre, avec Léo, vous ne risquez pas de mourir seul. Avec d'autres, si. » Leonardo, l'ancien directeur sportif du PSG, visait-il encore une fois Mbappé sous couvert d'encenser Messi avec cette déclaration incendiaire ? Certainement.

Au PSG, l'Argentin n'a pas permis à son équipe de franchir un cap en Ligue des champions. Pire, les deux saisons où il y a évolué sont très certainement les plus

---

129. Daniel Riolo, Gilbert Brisbois, éd., *After Foot*, numéro 5 : Foot et religion. Liaisons dangereuses ?, Éditions du ballon rond, 2022.

mauvaises de la dernière décennie. Les deux hommes se respectaient, se trouvaient aisément sur le rectangle vert. Leur talent supérieur (de loin) à la moyenne aidait, mais Messi était plus proche de Neymar, son grand ami. Mbappé est un solitaire, obstiné, campé sur ses repères et son objectif. Sa destinée est son essentiel, il reste peu enclin à s'épanouir dans la compagnie de ses semblables quand on l'observe sur le terrain. C'est encore un autre point commun qu'il partage avec Emmanuel Macron. « Vivre avec les autres est, pour moi, une torture. Et tous les autres sont en moi. Même loin d'eux je suis contraint de vivre avec eux. Seul, des foules me cernent. Je ne sais pas où fuir, à moins de me fuir moi-même[130]. »

Revenons à Messi. Son aventure en France s'est terminée en « eau de boudin ». En crise même, une énième à gérer pour le club de la capitale. Une véritable impasse. Avec des performances moyennes, à l'image de son équipe, le champion du monde est devenu un coupable idéal, l'exutoire des supporters du PSG, le symbole d'une politique sportive contestée ces dernières années, avant la saison 2023-2024. Le ras-le-bol des fans, enfoui depuis plusieurs saisons, s'est concentré sur certains dont l'ancien Barcelonais, sifflé pour ses dernières minutes au Parc des Princes. Une image déplorable, pour tous.

Mbappé et Messi n'ont finalement pas grand-chose à voir. Le premier a d'ailleurs toujours admiré Cristiano Ronaldo, rival historique du second. Sportivement, extra-sportivement, dans la personnalité, ils sont aux antipodes. « Messi, dans le jeu on peut supposer qu'il est individualiste,

130. Fernando Pessoa, *Fragments d'un voyage immobile*, Gallimard, 2016.

encore qu'il donne beaucoup de ballons, mais il a un côté romantique parce que tu vois qu'il est là, il est dans son monde, et puis tout à coup il prend le ballon et voilà. Pendant la Coupe du monde, il était exceptionnel parce qu'il a pris aussi cette grande dimension pour lui. C'est quand même une sacrée histoire. En Argentine, il a été un peu rejeté parce qu'il y avait toujours cette comparaison avec Maradona, et l'Argentine ne gagnait pas et c'était profondément injuste parce qu'ils ont fait trois finales de Copa America (2007, 2015, 2016), ils ont fait une finale de Coupe du monde (2014). Les gens sont moins attachés à lui parce que lui, il n'a pas joué dans le championnat, il est parti très jeune, il avait 13 ans et demi alors que Maradona avait fait deux ans à Boca Juniors, cinq ans à Argentinos... Donc les sentiments étaient mitigés et il a surmonté ça, Il a gagné la Copa America (2021) où il a fait une superbe compétition. Il a gagné la Coupe du monde, il a fait une superbe Coupe du monde, il les a attirés, emmenés. Ils ont aimé ça, ils se sont dit "il est comme nous maintenant, il mourra pour ce maillot". Il a cette histoire, c'est un garçon touchant, lui. » Quand il s'agit du football argentin, Didier Roustan est dans son élément. Lui qui a fondé en 1995 l'Association internationale des joueurs professionnels avec, entre autres, un certain Diego Maradona. « Je trouve grotesques les sifflets pour Messi du début à la fin, c'est ridicule. Et je trouve que Mbappé qui a de l'influence, qui a du poids et qui sait ouvrir sa gueule, il ne l'a jamais ouverte pour le défendre. Hormis une petite déclaration à la fin[131], il n'y a pas eu grand-chose de spontané. Mbappé c'est une

131. Dans la *Gazzetta dello Sport*, le 14 juin 2023, après l'annonce du départ de Messi.

machine, il est très intelligent, mais c'est un ordinateur et il perd un peu de sa spontanéité. D'ailleurs, je ne le trouve pas beau avec le brassard de l'équipe de France. Même ça, ça ne lui va pas. Cela aurait été plus logique que Griezmann, qui est un joueur collectif et là depuis plus longtemps, qui est dans le sacrifice, l'ait. C'est un sport éminemment collectif qui s'est désormais individualisé. »

En lisant le témoignage qui suit d'un Franco-Argentin[132] après la Coupe du monde 2022, on comprend *in fine* deux choses. Entre Mbappé et l'Amérique du Sud, l'idylle n'est pas pour tout de suite. Controversé aujourd'hui, il lui reste encore quelques étapes à franchir pour non seulement devenir un véritable leader, mais plus encore, être le boss du football international. « Personne n'a mesuré à quel point les déclarations de Mbappé[133], au-delà du foot, ont été vécues par beaucoup, là-bas, comme une humiliation. Les Argentins ont pensé "Voilà encore un mec de l'Occident qui vient nous rappeler qu'on est le tiers-monde. On demande à Messi de présenter ses excuses parce qu'il est à côté de Martinez sur le bus quand il fait le con, mais on n'a rien dit à Mbappé sur ses déclarations maladroites, qui ont blessé un continent." »

132. Daniel Riolo, Gilbert Brisbois, éd., *After Foot*, numéro 8 : Sexe football club, Éditions du ballon rond, 2023.

133. En mai 2023, Mbappé déclarait sur la chaîne TNT Sports Brésil : « L'avantage qu'on a nous les Européens, c'est qu'on joue entre nous avec des matchs de haut niveau tout le temps, comme la Ligue des nations. Quand on arrive à la Coupe du monde, on est prêts, là où le Brésil et l'Argentine n'ont pas ce niveau-là en Amérique du Sud. Le football n'est pas aussi avancé qu'en Europe. C'est pour ça que lors des dernières Coupes du monde, ce sont toujours les Européens qui ont gagné. »

Le sens du clash, l'absence d'amour

« Je pense vraiment que l'idéologie de la victoire est probablement l'une des causes principales du mal dans le monde. Celui qui gagne, celui qui a le prix, celui qui est le premier… non. Placez-vous du point de vue de la victime, du point de vue du dernier. » Ces mots du philosophe Michel Serres ont été prononcés sur France Culture, dans l'émission « Les Masterclasses », le 23 août 2017. Une semaine plus tard, le jeune le plus convoité de la planète football signait à Paris, en provenance de Monaco, avec pour ambition de tout gagner, devenir le plus grand.

Kylian Mbappé a été très tôt frappé du sceau de la victoire. C'est sans doute cela qui explique ce qu'il est aujourd'hui. Ses forces manifestes et la reconnaissance légitime n'enlèvent rien aux doutes et aux limites que nous évoquons.

Ne pas être un leader est une chose somme toute logique pour un jeune homme de 25 ans. L'expérience, le vécu, ne sont pas que des mots, mais une réalité ô combien précieuse dans le sport de haut niveau. Être en revanche, à cet âge, un leader du clash est une tout autre affaire. Tout est lié. Pour le comprendre, il faut comprendre le système Mbappé, cette immense toile d'araignée qui révolutionne le monde du football. Comprenez un talent gigantesque, désiré par tous et qui en veut toujours plus. Les sommes astronomiques qui en découlent vont de pair avec des attentes tout aussi grandes, dans une époque où l'individualisme prime et le pouvoir des joueurs supplante celui des clubs. Il est le football du XXIe siècle.

L'entreprise, l'équipe marchent pour lui dans sa quête ultime d'être le plus grand. Les autres sont accessoires. Vous obéissez. Sinon, on s'en va. On force à peine le trait. Le salaire astronomique, il l'a. Un directeur sportif arrivé la même année pour satisfaire sa volonté aussi, Mbappé et Luis Campos étant proches depuis leur passage à Monaco. Un mercato sur mesure à l'intersaison 2023, c'est fait aussi, avec la signature de ses copains de sélection, Dembélé, Hernandez, Kolo Muani et le départ de ceux qui pouvaient lui faire de l'ombre, Neymar et Messi. À Paris, il est le roi, ce qui ne l'empêche pas d'entrer en conflit parfois violemment avec son club. Le point de non-retour a failli être atteint l'été dernier lorsque Paris l'a mis à l'écart du groupe professionnel durant plusieurs semaines. La raison ? Son annonce dans une lettre adressée aux dirigeants du PSG qu'il ne prolongera pas son bail jusqu'en 2025 affirme en creux son souhait de partir libre à l'été 2024. Un manque à gagner considérable d'un point de vue économique – sans parler du sportif –, une situation inconcevable pour le club de Nasser al-Khelaïfi et le Qatar. En conférence de presse, celui-ci est alors très clair. Soit son joueur prolonge, soit il part dès cet été contre une indemnité de transfert. « C'est non négociable. J'ai été très choqué de savoir qu'il avait l'intention de partir gratuitement. » Nasser al-Khelaïfi aurait sans doute dû écouter le patron de l'Ajax d'Amsterdam, Ton Harmsen, à la fin des années 1980, au moment de se séparer du coach Cruyff : « Peut-être sommes-nous allés trop loin en lui cédant trop de pouvoirs, mais à un moment, trop, c'est trop. Terminé. Fini[134] ! » Le Mbappé SG aura vécu.

---

134. Chérif Ghemmour, *Johan Cruyff : Génie pop et despote*, *op. cit.*

Mbappé réintègre finalement l'équipe première mi-août après « des discussions très constructives et positives » entre les deux parties. Tout ce feuilleton sous l'œil avisé des observateurs, des médias et des politiques. « Je suis dépassé par les événements. J'ai beau savoir que je couvre un club de dingues, je suis emporté par l'ouragan Mbappé. C'est un phénomène qui dépasse les pages sport et tout le monde au journal a un avis sur Mbappé. Je suis presque dépossédé de la matière sportive qui est mon objet », nous confie Dominique Séverac, le spécialiste football au *Parisien*.

Qu'il le veuille ou non, ces tumultes sont devenus sa caractéristique. « Il joue un peu trop, il apparaît trop stratège et calculateur. Il faut un storytelling plus simple. Il manœuvre. Or, on n'aime pas les manœuvriers », note Gaspard Gantzer, ancien conseiller en communication de François Hollande. Un an auparavant, son avenir avait déjà agité la chronique. Annoncé avec insistance du côté du Real Madrid, Paris l'avait finalement convaincu de rester par les arguments économiques précédemment cités, et sportifs. Oui mais voilà, malgré tous ces gains de cause obtenus au forceps, l'international tricolore peut mettre à mal son institution. Un départ libre constituerait un manque à gagner très préjudiciable pour le club qu'il dit être sa « maison ». S'affrontent alors deux lectures. D'un côté, celle qui prône la liberté du joueur de respecter *stricto sensu* son engagement contractuel, lui permettant de partir libre à l'issue de son bail. En face, celle d'un football plus nostalgique, qui place le club au-dessus de l'individu, qui rêve de belles histoires, de respect et de *happy end*. Une réalité de plus en plus rare dans le football, il faut en convenir. Les séparations entre Cristiano Ronaldo et

Manchester United, ou encore entre Léo Messi et le Barça, en sont des exemples criants.

La première lecture semble donc prendre le pas. « Paris est ma maison mais je rêve du Real. » Tel est le tiraillement du Français. En restant sept ans au PSG, en devenant le meilleur buteur de l'histoire de ce club, Mbappé s'extirpe de toute accusation d'aventure éphémère, de relation frivole ou passagère. Il aura marqué l'histoire, quoi qu'on dise. Pourtant, ses états d'âme et sa mauvaise réputation en construction s'accentuent à mesure que les clashs se multiplient. De quoi écorner son image. Selon un sondage Odoxa dévoilé en juillet 2023, la part de Français le trouvant sympathique (70 %) a perdu 10 points en quatre ans et ils ne sont plus aujourd'hui que 45 % à le juger humble (-21 points). « Il fait une belle saison, c'est un grand joueur. C'est peut-être le meilleur joueur du monde actuellement, il n'y a pas de problème. Je trouve que malgré tout, il est toujours aussi agaçant. Il a un côté insupportable à toujours vouloir la ramener et à toujours vouloir donner son avis. Pour un mec qui est soi-disant un pro de la communication, il est de moins en moins bon[135] », assène le consultant de RMC Christophe Dugarry. Il est devenu l'homme des bras de fer. Parce qu'il n'y a pas qu'au PSG que la star fait parler de lui extra-sportivement.

En Bleu – et l'équipe de France n'avait pas besoin d'affaire supplémentaire[136] – Kyks agite les coulisses. Là encore, il s'agit de contrats… mais de sponsoring ! Comme

---

135. 16 juin 2023.

136. L'ancien président de la FFF Noël Le Graët a été contraint de démissionner le 28 février 2023 après des accusations de harcèlement moral et sexuel.

l'ensemble des joueurs sélectionnés, il est appelé à honorer des opérations avec les sponsors de l'équipe de France. Que nenni ! En mars 2022, moins d'un an avant le Mondial qatarien, la vedette en a décidé autrement. Il revendique un droit de regard plus important sur l'utilisation de son image, et ne veut pas qu'elle soit associée à certaines marques qui ne correspondent pas aux valeurs qu'il souhaite véhiculer. Par cette prise de position, Mbappé conteste la convention en place depuis 2010, relative à la cession du droit collectif à l'image que chaque international signe avant sa première sélection, et qui l'oblige vis-à-vis des partenaires de la FFF, contre la somme de 25 000 euros par match disputé. « Le football a changé, et ça me paraît juste d'avoir un droit de regard sur notre nom, à quoi il est associé », s'est justifié l'intéressé. Il se dit sensible aux problématiques liées à la nutrition et aux paris sportifs, or, parmi la dizaine de partenaires de la FFF figurent en effet Coca-Cola, KFC, ou l'opérateur de paris en ligne Betclic. Une « crise de jeunesse » et un « caprice » selon le vice-président de KFC France, Alain Béral. Comme la tradition le veut désormais, Mbappé obtient ce qu'il veut. En septembre dernier, la Fédération française de football dévoilait par la voie d'un communiqué la signature d'une nouvelle convention qui « permettra une relation équilibrée et claire en ce qui concerne la gestion du droit d'image de l'équipe et des joueurs ». Le fruit d'une bataille interne qui aura duré un an et demi, et un pas fait en faveur des joueurs et leurs aspérités, mais là aussi les conséquences auraient pu se révéler fâcheuses pour la FFF. Si les motivations du joueur ne sont pas pécuniaires, selon l'économiste Pierre Rondeau, les recettes partenaires, c'est 90 millions d'euros par an, soit 37,5 % des 240 millions de recettes annuelles[137] de la FFF. Une démarche qui aurait pu « altérer l'équilibre financier de l'équipe de France et de la Fédération ». Près de quarante-cinq ans après les Bleus de Platini en conflit avec Adidas avant le Mondial argentin de 1978[138], et l'échec des négociations avec la marque allemande, Mbappé gagne, lui, son combat. Encore.

« Comme tous les mômes un peu précoces, faut jamais qu'il s'ennuie. Cette histoire de droit à l'image, c'est vraiment un truc qu'il a compris très vite. Le fait qu'en équipe de France ça ne fonctionne pas comme dans les clubs, et que comme il a l'exemple de Messi, Neymar, etc., qu'il a côtoyés au quotidien, il se rend compte que ces mecs-là ont négocié leur droit individuel à l'image. Messi, au Barça, il avait ce qu'il voulait, c'était complètement dingue. En sélection par extension, ils ont été plus loin. Donc Mbappé, aidé en cela par son cercle restreint, c'est-à-dire essentiellement sa maman et son avocate, ils ont très vite compris que ça ne pouvait pas fonctionner par rapport à ce que lui voulait instaurer pour son image ou la maîtrise de son image. Il fait donc en sorte d'avoir la main tout le temps », explique le journaliste Philippe Sanfourche. D'après plusieurs sources, ce qui s'apparente pour certains supporters à un « cinéma permanent », a lieu aussi en club. Le prince décide et c'est comme ça. Un « caprice » que tempère Thibaud Leplat,

137. Pour la saison 2021-2022, celle du déclenchement de la polémique.

138. Avant le premier match de la compétition face à l'Italie, Adidas demande aux joueurs de faire briller les trois bandes blanches sur leurs chaussures noires avec de la peinture argentée. Le groupe s'estime lésé et demande une revalorisation. Les négociations n'aboutissent pas et les Bleus décident donc de cacher le logo à l'aide d'un cirage avant d'entrer sur la pelouse.

écrivain et philosophe. « On exige du footballeur qu'il soit démesurément performant sur le terrain, exagérément banal et vertueux en dehors. Curieusement, personne n'a jamais demandé à Mick Jagger de tourner des spots sur la malbouffe. À Mbappé, si. Le pire, c'est que tout le monde trouve cela formidable », écrit-il.

Pourra-t-il en être ainsi toute sa carrière ? Que se passera-t-il si un jour les performances ne sont plus à la hauteur ? Ou s'il rejoint une autre institution ? « Je pense qu'au Real, par exemple, il ne pourra plus se permettre de faire tout ça. Ce n'est pas un club où tu fais de la politique, on n'a jamais vu de joueurs du Real tweeter sur des faits de société. Maradona n'aurait jamais joué au Real par exemple. Il est malin mais je pense que ça peut rapidement se retourner contre lui parce que quand tu commences à mener des combats, tu ne peux pas te tromper et tu ne peux pas faire d'erreur parce qu'en fait on t'attend. Quand il se bat pour le droit à l'image en équipe de France, pas de problème. Maintenant, si demain au Real, on lui demande de faire une pub pour KFC et qu'il la fait, bah en fait tout son discours n'est plus crédible. Donc attention aux combats, ça peut aussi mener à sa perte », pointe Yacine Hamened.

Fred Hermel suit le Real Madrid depuis plus de vingt ans pour RMC. Il confirme : « Il ne sera jamais plus important que le Real. Di Stéfano est le joueur le plus important de l'histoire du Real Madrid. Le Real Madrid est ce qu'il est parce qu'il y a eu un joueur argentin qui s'appelait Alfredo Di Stéfano. Le Real s'est installé dans l'histoire en gagnant les cinq premières coupes des Coupes des clubs champions. Et c'est Di Stéfano qui portait tout ça. Vers la fin de sa carrière, il y a un entraîneur qu'il n'aime pas donc il va voir le président Santiago Bernabéu et il dit : “J'aime pas le nouvel entraîneur… c'est lui ou moi.” Et là Bernabéu, sans réfléchir, dit : “Merci Alfredo pour tout ce que tu as fait, la porte elle est là”, et il le vire. Et c'est le plus grand joueur de l'histoire du Real. Ce club est toujours plus important que n'importe laquelle de ses composantes. Cristiano Ronaldo fait un peu de chantage, il s'en va. L'erreur historique de Ronaldo, c'est d'avoir fait un caca nerveux le soir de la Ligue des champions remportée en 2018. Il aurait deux Ligues des champions de plus s'il était resté. Il faut bien savoir que Mbappé au Real ne sera qu'un joueur de plus dans l'histoire du Real s'il réussit. Ronaldo c'est le meilleur buteur de tous les temps du club, et pourtant c'est un numéro parmi tant d'autres dans l'histoire du club. » Un club, chose rarissime dans le foot d'aujourd'hui, qu'il a refusé à deux reprises. En décidant de rejoindre Paris en 2017, déçu par l'accord dealé dans son dos entre Monaco et les Merengues, puis cinq ans plus tard en prolongeant dans le club de la capitale. Ce tempérament, cet esprit d'indépendance presque jusqu'au-boutiste, le poussent au conflit y compris avec ses partenaires. On a déjà évoqué les débuts difficiles avec les Bleus ou bien son attitude contestable en club avec Vitinha. Sa relation avec Neymar mérite aussi d'être abordée. Copains, presque intimes, à leur arrivée simultanée en 2017, la relation entre les deux hommes, faite de hauts et de bas durant six ans, n'a fait que se déliter. Les deux, semble-t-il, n'avaient plus rien à partager. D'un côté le Brésilien fantasque, magicien irrégulier, vivant avec son clan, fêtard, dribbleur hors pair mais finisseur à temps partiel. De l'autre, le robot prodigieux, icône française, déjà champion du monde, à l'ambition sans commune mesure, plutôt solitaire, et bien plus régulier que son compère d'attaque. Ils ont longtemps pensé se servir l'un et l'autre dans leur objectif commun de rêver plus grand, pour remporter la Ligue des champions et le Ballon d'or. Hélas, la complicité s'est sur la fin muée en rivalité, voire en guerre d'ego. Neymar est plus collectif, Mbappé plus individualiste. Le Brésilien n'est pas fiable, le Français bien plus. Difficile d'imaginer attelage plus mal assorti. Il paraît que les contraires s'attirent. Le vieil adage est ici mis à mal. Le profond respect qu'avait à l'origine Kyks pour Ney s'est progressivement transformé en agacement. Sentiment partagé par bon nombre de fans rouges et bleus. Un antagonisme qui s'explique par une différence de style, de caractère, de sensibilité. Des piques de plus en plus fréquentes de l'un envers l'autre, et aucun message du plus jeune des deux au moment des adieux de son aîné, alors qu'il dira chaleureusement au revoir à Marco Verratti quelques semaines plus tard. Une relation agitée alimentée par des polémiques dont celle concernant le tireur de penalty parisien en 2022-2023. Neymar est très certainement le meilleur tireur de penalty au monde. Mais Mbappé veut tout et Mbappé obtient tout. Même, finalement, la primeur d'être le tireur numéro un. Neymar n'a qu'à bien se tenir. « La question n'est pas qui le tire le mieux, mais qui prend la responsabilité ? Qu'il rate ou ne rate pas. C'est une question de dimension ou de statut. Qui prend le dernier shoot. LeBron James, qu'il rate ou pas, il prend le dernier shoot », pointe Grégory Schneider.

Il n'a pas le monopole des coups de sang, Kyks partage cette spécificité avec les plus grands. Comme si sa vitesse, sa puissance, ses buts empilés devaient se traduire occasionnellement par une nervosité non maîtrisée. À l'instar du pétage de plombs de Maradona en 1982 contre le Brésil[139], ou du mauvais geste de Cruyff envers l'arbitre de Pays-Bas-Tchécoslovaquie en 1966[140]. Que dire de son partenaire Neymar, adepte des gestes d'humeur et réactions de colère, expulsé à cinq reprises en six ans en Ligue 1. Record. Le point commun entre tous ces joueurs est qu'ils sont exposés à plus d'un titre. Exposés à la densité du jeu par leur positionnement souvent central sur la pelouse, exposés aux coups adverses par leur qualité technique et leur rôle de meneur. Autrement dit, les joueurs à abattre pour l'adversaire. Exposés enfin à une pression élevée, voire intenable selon le contexte, quand la rencontre tourne mal pour leur équipe et/ou qu'ils traversent une période de doute. Les revers du métier. Mbappé a été exclu à trois reprises sous les couleurs du PSG, la dernière fois remonte à la finale de Coupe de France 2019. Depuis il se montre capable de coups de sang occasionnels ou de provocations dont il pourrait aisément se passer.

Il a le sens du clash. Il y a l'absence de sentiment. Est-ce l'impression de totale domination, de talent inarrêtable, ou la nature peu commune et clivante de sa personnalité qui l'expliquent ? Il faut tout retenir. Mbappé est un package. À prendre ou à laisser. Là aussi la comparaison avec Neymar mérite d'avoir lieu. Elle penche cette fois

---

139. Lors de la rencontre du deuxième tour de la Coupe du monde, alors que le score est de 3-0 pour le Brésil et qu'il ne reste que cinq minutes à jouer, Diego Maradona va mettre K.-O. un adversaire.

140. Mauvais geste présumé. L'arbitre Rudi Glöckner soutient que Cruyff l'a giflé, version que dément le joueur et que ne confirment pas les images de l'époque.

en la faveur du gamin de São Paulo. « Mbappé est très fort, très jeune, mais il fait toujours un peu la même chose. Il a une forme de rigidité alors que Neymar, c'est un gamin des rues devenu un artiste, avec un jeu plus créatif. À titre personnel, je paierai plus ma place pour voir jouer Neymar que Mbappé », expliquait un dirigeant du PSG en 2019[141]. Le contexte et la dimension des deux hommes ont depuis bien changé. Didier Roustan, le plus sud-américain des journalistes sportifs français, poursuit : « En Amérique du Sud, ce sont des romantiques, des amoureux du beau jeu. Donc ce n'est pas un joueur qui les touche. Ils reconnaissent qu'il a du talent, ils le craignent et tout, mais ce n'est pas leur type de joueur. Eux, ils aiment des joueurs romantiques, comme Riquelme, comme Maradona, Pastore, des joueurs qui caressent la balle. Là-bas, il y a un mot qui est très fort, c'est *"sentimiento"*. Quand j'ai demandé à Maradona pourquoi il était fou de Boca Junior, il me disait "Je ne sais pas, c'est inexplicable." Une chanson que chantent beaucoup les supporters, c'est *"Un sentimiento, no trates de entenderlo"*, ce qui veut dire "Un sentiment, tu ne peux pas le définir." Leur maillot est même parfois floqué *"sentimiento"*. Au-delà du résultat, ils ont besoin d'histoires, de quelque chose qui transpire l'humain. Mbappé ressemble davantage aux sportifs américains. De ce que j'en vois à chaque fois que je vais en Amérique du Sud, les gens ont de temps en temps des photos de Mbappé, mais les enfants ne rêvent pas de lui. Il a un côté métallique qui fait que ça manque de sentiments. »

141. Arnaud Hermant, *Mbappé. Le phénomène*, L'Archipel, 2019.

En juin 2023, Zidane est nommé parrain de l'association Le Point rose, qui accompagne les familles des enfants en fin de vie. Fondant en larmes lors de son discours, il suscite une vive émotion chez le public présent, avant que la vidéo ne devienne virale sur les réseaux sociaux. Cette sensibilité, on souhaiterait la voir davantage chez son cadet chez les Bleus.

« Pour l'instant, on a le sentiment qu'il n'a pas mangé son pain noir. Il y a un côté gueule cassée, cicatrices, qu'on a envie de le voir vivre pour se dire “le cru Mbappé qui va sortir de ça sera encore plus savoureux”. » Le constat d'Amélie Oudéa-Castéra est globalement partagé. Hormis les très jeunes, la nouvelle génération, ils sont peu au Parc des Princes à « idolâtrer » Kylian. Les abonnés, fidèles, ultras ou non, l'admirent, le respectent, se réjouissent de le voir porter leurs couleurs. Mais l'aiment-ils vraiment, comme ils ont aimé par le passé Cavani, Pastore, Pauleta, ou pour les plus anciens Raí ? C'étaient des garçons imparfaits remplis d'humilité. Mbappé est un joueur clinique, un monstre d'efficacité, pas un homme frisson. Ni un sentimental. Il est trop parfait, son parcours trop linéaire et hégémonique pour cela. C'est un homme de sa génération : connecté mais lointain, obligé mais distant. Il n'a eu ni les débuts cataclysmiques de Raí ni à lutter pour le maintien comme Pauleta. Il n'a ni la combativité ni le déchet technique de Cavani. Pas non plus le côté sale gosse imprévisible de Neymar. Le manque d'émotion est peut-être son principal défaut. Le Parc des Princes a besoin d'amour. Rares sont les supporters dont il est le joueur préféré. « Il a été assez épargné par les supporters grâce à ses statistiques, selon moi. Concernant la distance, c'est tellement un robot qu'il n'y a pas d'émotion partagée avec lui. Pas d'échange ni de partage. C'est en gros : "prenez mes buts, je vous les donne, et ne m'embêtez pas". À un moment donné, l'émotion que tu transmets c'est ce que tu laisseras, ce qu'il restera. On parle souvent de Pastore qui a eu des hauts et des bas, mais il a eu une attitude, un discours qui ont marqué les supporters, même s'il était clairement moins bon que Mbappé. Il a plus marqué les gens car c'est resté un être humain. Je ne suis pas persuadé plus que ça que Mbappé soit attaché au PSG. Aux supporters, pas du tout. Il est incontestablement dans l'histoire du club, mais sa place sera malgré tout entachée par ses sorties, ses déclarations, etc. Il ne me laissera rien de plus que ses statistiques et ses performances », déplore Yacine Hamened, supporter historique du Paris Saint-Germain.

En pensant aux plus grands, au sommet de la pyramide, impossible de ne pas croire que le chemin est encore long, très long pour Mbappé. Prenons l'exemple du tennis et de son maestro, Roger Federer. La nature du lien qui le lie à ses supporters est « un mélange fait d'exultation, de dévotion et de fascination aveugles », détaillent les auteurs de *Federer, un mythe contemporain*[142], qui prennent l'exemple de la grande violoniste allemande Anne-Sophie Mutter, amoureuse de Federer, qui « va jusqu'à décaler certains de ses concerts pour voir des matchs du Suisse. On ne joue pas en même temps que le Maestro ». Voici le graal. Ni Federer, ni Maradona, ni Cruyff, ni Jordan ne l'avaient atteint à 25 ans. Les embûches sont nombreuses sur le parcours du personnage complexe qu'est Mbappé. « Il est très confortable, en fait, de laisser planer à son

142. Charles Haroche, Frédéric Vallois, *Federer, un mythe contemporain*, *op. cit.*

sujet d'éternels malentendus », disait Jacques Chirac. Ces malentendus s'atténueront sans doute le jour où Kyks remportera la Ligue des champions avec le club parisien. Il rentrerait alors vraiment dans le cœur des supporters et encore plus dans l'histoire du football tricolore. « Parfois, vous pensez avoir une limite mais lorsque vous la touchez, vous sentez en même temps que vous pouvez aller plus loin », confiait Senna. Jusqu'où peut aller Mbappé ? Telle est la question.

14

Maradona, Platini, Zidane… Quelle place dans l'histoire ?

La comparaison est un exercice difficile. En football, elle peut se muer en torture. Souvenirs, émotions et statistiques s'affrontent dans nos têtes d'enfants malades de ce jeu pas commun. Ce vieux réflexe instinctif n'a le plus souvent aucune valeur objective. Épargnons-nous d'entrée ce tourment moral, en nous interrogeant sur la pertinence d'une telle démarche comparative avant de l'entreprendre. « Assez de tous ces chiffres pour contrôler l'incontrôlable, mesurer l'immensurable. Nous vivons centrifugés par l'incertitude. » Ces mots sont empruntés à Edgar Morin par Juan Manuel Lillo, dit « Juanma », l'un des grands penseurs du football moderne, aujourd'hui adjoint du génie catalan Pep Guardiola, sur le banc de Manchester City.

Kylian Mbappé, lui, n'en a que faire. Comme Charly Gaul dans les montagnes du Tour de France des années 1950, il est un ange. Oui, il l'est. Depuis août 2017 et son arrivée au Paris Saint-Germain. Depuis qu'il foule la pelouse du Parc des Princes. Cette « terre bénie » que le président Francis Borelli[143] embrassa un soir de finale de Coupe de France pour remercier le ciel, en pensant aux musulmans de Tunisie qu'il avait observés faire de même en remerciant leur dieu. Mbappé est devenu cet ange, que le peintre Nicolas de Staël décrivait à son ami, le poète et résistant René Char : « Tu es un ange comme les gars qui jouent au Parc des Princes la nuit. [...] Quand tu reviendras, on ira voir des matchs ensemble. C'est absolument merveilleux. Personne là-bas ne joue pour gagner, si ce n'est à de rares moments de nerfs, où l'on se blesse. Entre ciel et terre sur l'herbe rouge ou bleue, une tonne de muscles voltige en plein oubli de soi avec toute la présence que cela requiert en toute invraisemblance. Quelle joie ! René, quelle joie ! »

Par pitié et compassion, évitons les chiffres en cascade qui n'ont rien à voir les uns avec les autres. La lecture purement arithmétique du football a toujours fait disparaître sa vertu romantique et sentimentale. Les chiffres n'ont pas changé mais leur interprétation, si. Rappelons ce qu'est Mbappé afin d'évacuer d'emblée les faits. Meilleur buteur de l'histoire du PSG à 24 ans, troisième de ce classement en sélection nationale, à dix réalisations d'Olivier Giroud qu'il dépassera indubitablement[144]. Cent pour cent de finales de Coupe du monde disputées, un deux sur deux éblouissant. Avec plus de 300 buts au compteur, il est un soliste hors pair, attaquant dévoreur d'espaces, si rapide et puissant qu'il est pour l'heure épargné par les cisailles et graves blessures. Platini, Zidane, Pelé, Cruyff évitaient aussi ce danger

143. Président du PSG entre 1978 et 1991.
144. Chiffres arrêtés début 2024.

grâce à leur flair qui les faisait tout anticiper, y compris ce péril. Kyks est un phénomène mondial, le plus précoce en tout, il ne nous appartient plus, mais dispose encore d'une marge pour devenir cet astre, maître ou dieu. Il doit être plus clinique devant le but. Efficace il l'est, mais il peut l'être davantage, s'il se concentre sur ce qu'il sait faire sans vouloir devenir quelqu'un d'autre. Il est un joueur d'espace, un homme de profondeur. Il n'est pas meneur de jeu et ne s'appelle ni Michel ni Diego. Se faire oublier pour mieux ressurgir et crucifier l'adversaire.

Quelle place a-t-il dans l'histoire du football français ? Être une légende à 25 ans sort de l'ordinaire. Notre révolutionnaire en short et crampons bouscule la norme. D'un point de vue stylistique, il est aisé (et courant) de le rapprocher de Thierry Henry. Les deux hommes sont champions du monde. Ils ont perdu une finale, ont marqué énormément de buts et l'histoire de leur(s) club(s). Ils sont rapides, explosifs, ambitieux et, d'une certaine manière, égoïstes. « Je m'intéresse à l'art et je fais toujours malgré moi des liens entre sportifs et artistes. Culturellement, Mbappé commence vraiment à impressionner lors d'Argentine-France en 2018. Dans ce match-là il fait des trucs magiques. On sait déjà comment on se souviendra de certains moments. Par exemple, son déboulé de 2018, il fait 50 mètres, j'ai directement pensé à Maradona. D'ailleurs Diego est culturel. Il y a tout un tas de films sur lui. Comme Cruyff, Pelé. Ce sont des rock stars. Mbappé a cette dimension-là. C'est ce qui fait la différence avec Henry par exemple, même si sur le terrain il faisait des choses incroyables. Je dirais que Mbappé a plus de prestance intellectuelle », note Yves Jaeglé, du service culture du *Parisien*. Mbappé a déjà dépassé l'ancien Gunners. Est-ce le cas des monstres sacrés ? A-t-il déjà supplanté les totems du football français que sont Platini et Zidane ?

Commençons par les similitudes, au-delà du simple numéro 10 floqué dans le dos de l'équipe de France. Les trois artistes sont issus de l'immigration. Mbappé, on l'a vu, est le fruit d'un père né au Cameroun et d'une mère franco-algérienne. Une Algérie chère à Zizou puisque l'ancien meneur de jeu a ses deux parents algériens et demeure lui-même binational. À chaque génération son origine migratoire, pour Platini, fils d'Aldo Platini et d'Anna Piccinelli Platini, c'est l'Italie. Inutile de justifier l'apport de ces origines sur le football tricolore, mais intéressante analogie pour concevoir leur impact sociétal.

« Un peuple doit toujours engendrer des millions d'hommes avant que ne naisse un génie[145] », écrivait Stefan Zweig. Combien de millions de personnes séparent ces trois créatures ? Qu'elle est belle, cette trinité quand on y pense. Ils n'ont même pas eu à partager le soleil, puisque trop éloignés temporellement les uns des autres. Euro 1984 ; Mondial 1998 et Euro 2000, Mondial 2018, ils balayent l'histoire de France et se parent de gloire. Ils sont si forts qu'ils sortent parfois du match pour se confiner dans une bulle, là où l'état transcendantal les rend irrésistibles. Les conséquences de leurs gestes ne leur importent pas. Il faut être fou, ou bien génie, pour tenter une panenka, comme Zidane, en finale de Coupe du monde. Ou bien pour partir seul, à l'assaut de l'Argentine de Messi, à seulement 18 ans, dans un raid

145. Stefan Zweig, *Les Très Riches Heures de l'humanité*, 1939 (première parution en Allemagne en 1927).

solitaire de 70 mètres, et ouvrir la voie du bonheur sur la route de Kazan, où même Napoléon ne s'était pas risqué.

Il faut parler de Platini aux plus anciens pour comprendre. Il y a de Gaulle et Platoche. Avant lui, le foot français n'était qu'une illusion. Il est à tout jamais l'homme du premier triomphe international, l'Euro 1984, en France, où il survola la compétition avec ses 9 buts qui furent décisifs à chaque fois. Il faut se souvenir qu'avant lui ce fut le désert. Le néant de 1958 à 1976. *Bis repetita*, après lui et sa retraite internationale de 1987, jusqu'à l'avènement de la bande à Jacquet. Il faut se souvenir de Michel, et l'enseigner aux plus jeunes. Parce qu'avec lui et sa génération d'exception, mais surtout grâce à lui, la France a pu participer trois fois à la Coupe du monde et disputer deux fois les demi-finales (1982, 1986). Personne n'a autant incarné une époque. « Il cochait toutes les cases. Un vrai cerveau, il comprenait tout avant tout le monde. Pour avoir parlé des heures avec Alain Giresse, il me le disait, c'est un phénomène le gars, il avait huit coups d'avance sur tout. Il comprenait mieux que tous ses sélectionneurs comment il fallait jouer, parler, etc. Il refaisait des causeries aux joueurs en parallèle », atteste Dominique Séverac.

Loin de la surmédiatisation et des réseaux sociaux, l'enfant de Jœuf, en Meurthe-et-Moselle, était un prince avant tout le monde, un tireur de coup franc si raffiné. Il a fini roi d'Europe du foot, en étant président de l'UEFA (2007-2015) mais pas du monde, privé du trône ultime d'une FIFA qui nous aurait rendus si fiers. Il reste ses trois Ballons d'or, remportés sous le maillot d'une Juve toute-puissante dont il fut le meneur de jeu rayonnant, et avec laquelle il remporta l'une des deux Ligues des champions de l'histoire du club. C'était le 29 mai 1985, au Heysel, stade du drame. Platini marque le seul but de la rencontre, on lui reprochera de danser sur les morts. « Il n'a plus jamais été le même, ni le même homme ni le même joueur, rongé par le drame plus que par l'âge[146] », écrit Vincent Duluc. La vie de Platini est un roman.

Les failles et chutes forgent notre attachement aux héros. Zidane est monté si haut dans notre conscience collective qu'il ne faut pas avoir le vertige quand il dégaine son énième coup de sang, heurtant du front l'abdomen de Materazzi, au stade olympique de Berlin en 2006. Une scène digne des plus grands films, d'un si grand acteur, soudain si petit, avant de redevenir grand. On pardonne tout à ce genre d'individus. La France le voulait comme président un soir de juillet 1998, après deux autres coups de tête cette fois héroïques. Pour toute une génération de Français qui n'a pas connu Platini, Zizou est une icône pour la vie. C'est la sculpture d'Adel Abdessemed devant le centre Pompidou en 2016, l'ouvrage de Jean-Philippe Toussaint qui s'intitule *La Mélancolie de Zidane*[147]. Il est une œuvre d'art, un objet pour ces créateurs dont il est l'égal. Il est au-delà du football. C'est parce qu'il a non seulement été le plus beau des galactiques du Real Madrid et le plus grand des Français entre son doublé au Stade de France et son abandon de 2006, que Zinédine a lui aussi été happé par l'épreuve de la grandeur. « On peut estimer que, lorsque son inconscient hésite, il l'entraîne systématiquement du mauvais côté, vers

146. Vincent Duluc, *Dictionnaire amoureux de la Coupe du monde*, Plon, 2022.
147. Jean-Philippe Toussaint, *La Mélancolie de Zidane*, Éditions de Minuit, 2006.

la face sombre, mais que cette face sombre est aussi un revers de sa timidité naturelle et d'une forme de modestie, comme si tout cela avait été trop pour lui. Trop-plein d'émotions, trop-plein d'injustice ou trop-plein de gloire, c'est toujours ce trop qui l'arrache à l'attitude attendue d'un joueur de son statut, de sa force et de son influence », appuie Duluc. Après lui, on pouvait se dire qu'on avait eu de la chance et que celle-ci ne frapperait pas à notre porte de sitôt.

Mbappé a 25 ans et c'est toujours important de le rappeler. À cet âge, Zidane n'avait pas encore disputé de Mondial, et Platoche ne comptait à son actif qu'une élimination au premier tour en Argentine. Avec lui, le mot record devient has been. Il les a tous avalés au Parc et il est en passe de le faire chez les Bleus. Sa carrière est loin d'être terminée, mais pas sûr que, plus tard, on se souvienne d'un joueur avec une telle emprise sur une rencontre, aussi fort et imprégnant sur le destin d'une équipe. On a envie de lui demander ce que ça fait, de savoir qu'on sera une légende à tout jamais. Parce qu'il le sait et le vise toujours plus. Didier Deschamps, ce chef d'orchestre verni et béni, a pour magnifier sa symphonie ce soliste pour dix ans, ou plus. Avec lui il peut rester, il sait qu'il gagnera. Kylian est une comète qui traverse le ciel de France depuis 2018.

« J'ai commencé le journalisme en 1997, en pleine Zidane mania, pourtant. Je n'ai jamais vécu ça. Il y a le phénomène de l'époque certes, mais c'est surtout lui. Il fait tout plus vite, c'est le plus grand sportif français de tous les temps d'ores et déjà. Marcel Cerdan, Bernard Hinault, Alain Prost, Yannick Noah, on pourra me citer qui on veut, pour moi dans toutes les composantes, sportive, intellectuelle, marketing, c'est le phénomène ultime. Et il n'a que 25 ans.

Ça va être exponentiel. Pour moi c'est plus fort que Platini, plus fort que Zidane. On peut préférer Platini et Zidane en tant que joueurs, Platoche a certes trois Ballons d'or et Zidane un, mais les systèmes de vote sont sujets à débat. Rien qu'à Monaco, en 2017, il fait la demi-finale de la Ligue des champions et est champion de France. Il marque à chaque tour de Coupe d'Europe, il n'avait que 17 ans. Il méritait déjà le Ballon d'or. Depuis que je fais ce métier, j'en ai vu passer des phénomènes. Mais lui m'a interpellé. Dès Monaco, je n'ai pas compris ce qui arrivait. C'est quoi cet ovni ? Haaland ne me procure rien par exemple. Mbappé, si. C'est subjectif », vante Dominique Séverac, qui suit Paris pour *Le Parisien*. Subjectif, oui, selon les sensibilités et points de vue. Didier Roustan en est la preuve, il est plus réservé : « À l'époque, il n'y avait pas autant de matchs "bidons" qu'aujourd'hui où tu joues contre Andorre, Gibraltar, etc. Platini jouait contre des pays de l'Est, c'était l'enfer. C'était la Tchécoslovaquie, l'URSS, la Yougoslavie... c'est aussi pour ça qu'aujourd'hui nos attaquants marquent plus de buts. Ils sont aussi beaucoup plus protégés et ont bien plus d'occasions. Autrefois, tu avais 6-7 actions offensives dangereuses, maintenant c'est 17-18. Il y a beaucoup plus de possibilités. » Alain Giresse, légende du football français, donne son avis sur la question le 6 août 2023 dans les colonnes du *JDD* : « Ce sont deux magnifiques joueurs de football. La grande différence se situe au niveau des objectifs à atteindre. Michel a été trois fois Ballon d'or sans même le vouloir, sans jamais être obnubilé par ce trophée. Je ne suis pas certain que ce soit le cas pour Kylian qui, lui, bâtit sa carrière sur des statistiques personnelles, alors que le foot se doit de rester dans l'absolu un sport collectif. »

Les trois légendes tricolores[148] sont si grandes et si proches aussi parce qu'elles ont connu l'échec. L'acte et le moment qui les ont fait descendre du ciel pour en faire nos semblables. Il y a ces défaites qui les rendent attachants et qui sont passées à la postérité. Elles voisinent dans nos têtes d'amateurs de sport avec l'échec de Luis Ocaña sur le Tour de France 1971 qui lui était promis, ou avec la défaite de Federer en finale de Wimbledon 2019 face à Novak Djokovic dans un match où il a raté deux balles de match. Que dire, aussi, de l'échec de Roberto Baggio, dont on a dit que dans ses pieds chantaient les anges, et qui offre malgré lui le Mondial au Brésil en envoyant son penalty dans le ciel de Los Angeles[149]. Des souvenirs traumatisants, comme Séville 1982, cette demi-finale contre la RFA perdue, avec l'agression de Schumacher sur Battiston et cette équipe que l'on chérit depuis, et Platini encore plus : « Aucun film du monde, aucune pièce ne saurait transmettre autant de courants contradictoires, autant d'émotions que la demi-finale perdue de Séville », narre le triple Ballon d'or. C'était sans compter sur Lusail 2022 et la finale France-Argentine où, par miracle, les Français sont revenus deux fois, grâce à un triplé de Mbappé, avant de s'incliner aux penalties. Comme quarante ans plus tôt, il y avait cette « concentration dramatique où un seul oui, un seul non, un geste avancé ou retardé détermine la vie d'un

148. On devrait ajouter trois couverts à leur table et convier Raymond Kopa, Ballon d'or 1958, légende madrilène et rémoise ; Antoine Griezmann, homme clé de l'ère Deschamps ; Karim Benzema, Ballon d'or 2022 et attaquant remarquable.
149. Finale de Coupe du monde 1994. L'Italie s'incline aux tirs au but contre le Brésil. Ballon d'or quelques mois plus tôt, Baggio rate le dernier penalty.

individu, d'un peuple ou même la destinée de l'humanité entière[150] ». Le pied de Martinez, au bout du bout de la prolongation, écartant la reprise de Kolo Muani, est ce geste qui changea le destin de l'Argentine, et par là même celui de nos Bleus.

Mbappé en larmes, sur la pelouse, comme des millions de Français. Et cette anomalie, car nos idoles ne devraient jamais être tristes. Messi et Martinez n'auraient pas dû être si grands. Mbappé doit le savoir. « Toute action, même loupée, laisse une trace. Plutôt que de ruminer le passé, l'art des grands c'est précisément de savoir transformer ses handicaps en autant d'atouts, pour une renaissance programmée », théorisait Jacques Pilhan. Après l'Euro 2021 manqué, la renaissance a lieu un an et demi plus tard, comme Michel en 1984 deux ans après Séville. Ils sont grands, ces messieurs. Contrairement à Zidane en 2006, Kylian n'a pas perdu la tête, il est resté grand pendant cent vingt minutes. Pour l'éternité, il restera associé à cette finale dantesque, perdue, comme il avait échoué en finale de Ligue des champions avec le PSG en 2020. Il sait perdre aussi, et pourtant il est si dur de voir ses failles. Il est plus dur de l'aimer lui, que les deux autres, et Kylian, peut-être parce qu'il est Mbappé, a connu critiques, insultes et disgrâce après son penalty manqué contre la Suisse lors de l'Euro 2021. L'évolution du football dépend de l'évolution sociétale, nous dit Christian Gourcuff, et la médiatisation d'aujourd'hui, l'exigence hors du commun qu'on lui impose, les réseaux sociaux et ce qu'ils impliquent constituent une bonne partie de l'explication. Car jamais, ou alors de

---

150. Stefan Zweig, *Les Très Riches Heures de l'humanité*, *op. cit.*

façon très éphémère, Zizou n'avait connu tel sort après son expulsion quinze ans auparavant, qui avait certainement coûté la deuxième étoile à son pays. Comme intouchable, parce qu'il fut le premier à nous offrir l'apothéose, parce qu'il transcendait les opinions et catégories sociales.

« Le sondeur que je suis confirme que, dans le top 50 des personnalités préférées, Mbappé est un phénomène de précocité. Il entre en décembre 2018, après le Mondial, où il est quatrième, ce qui est déjà énorme car le top 50 est trusté depuis des années par un trio Goldman-Sy-Pesquet ou Sophie Marceau. Il est quatorzième en 2019, dix-neuvième en 2020 et 2021, et quatrième en décembre 2022. Mbappé, ce que je trouve intéressant quand on interroge les Français, c'est qu'il y a évidemment le joueur de foot, mais c'est aussi un homme, avec ses valeurs et principes. C'est un peu ce dont avait bénéficié Zidane, les gens avaient apprécié le calme, la modestie. J'ai l'impression que Mbappé est sur le chemin de Zidane. Il crée de la proximité chez les jeunes qui l'admirent et s'identifient à lui. Chez les plus âgés, c'est une proximité admirative. C'est quand même un crack, un génie, qui peut à lui tout seul renverser un match. Zidane, derrière la bonne opinion, il y avait le modèle d'intégration réussi. Il a donné des prénoms européens à ses enfants, etc. Mbappé, ses origines, ça impacte très peu selon moi. D'une part, on l'a connu très tôt. D'autre part, il a gagné très tôt. Souvenez-vous Noah, c'était la fameuse blague : “Quand il gagne c'est le fils d'une Bretonne, quand il perd c'est le fils d'un joueur de foot camerounais.” Je pense que les Français ont largement dépassé cela. Par ailleurs, Thierry Henry n'a jamais été haut placé dans le top 50. Il restait dans la catégorie des bons joueurs de foot qui communiquait très peu. Le top 50 reflète que Mbappé est le troisième grand du football français après Platini et Zidane », explique Frédéric Dabi, de l'institut IFOP. Mbappé très haut dans l'opinion, mais encore derrière Zidane ? Chacun tranchera.

Dans le jeu, la discussion se heurte au positionnement. Platini et Zidane étaient des vrais dix, comme il ne s'en fait plus. Des meneurs de jeu, maestro comme on dit dans leur Italie adoptive, manieurs de ballon au touché singulier. On se reposait sur eux, le jeu de l'équipe en dépendait. « Je connais bien Lizarazu, il me répétait sans cesse que chez les Bleus, il y a des matchs où parfois pendant dix minutes t'es dans le dur, et il y a des réflexes d'école où les mecs se disaient : "Où est Zidane qu'on lui donne le ballon ?" Zidane et Platini étaient des baromètres, capables de conserver la balle quand il fallait, ou bien la donner. Il n'y a pas encore ce réflexe avec Mbappé, lié aussi à son poste », atteste Sanfourche. Mbappé est un dévoreur d'espace, rapide comme l'éclair, qui se retourne sur ses dépouilles après les avoir déposées. Les deux premiers se sont construits en partie ailleurs, forgés en tant qu'hommes et footballeurs, en quittant leur France natale, Saint-Étienne à 27 ans pour Platoche, Bordeaux à 24 ans pour Zizou. Les deux pour rejoindre la Vieille Dame, Turin, et y devenir des stars mondiales, y remporter leurs Ballons d'or et connaître des succès nationaux et internationaux. Le championnat italien n'est certes plus ce qu'il était, et le PSG a bien changé aussi, mais on reproche à Kyks de n'avoir jamais évolué hors de son pays, ce qui pourrait lui conférer une dimension et une aura supplémentaires, le sortir de sa zone de confort et lui inculquer l'exigence du haut niveau. Qu'à Paris, il ne remportera ni la Coupe d'Europe ni le Ballon d'or. Dans le même temps, tous ou presque souhaitent le voir rester, faire le bonheur de la Ligue 1, de son club phare, marquer l'histoire d'un club dans une époque où la fidélité dans le football est une chimère. L'irrationalité de l'opinion. En Bleus, à l'instar de ses deux prédécesseurs, il a su avec le temps, le talent, et en se voyant très tôt confier le brassard de capitaine, acquérir le respect et l'adhésion. Malgré des débuts difficiles, il fait aujourd'hui consensus par la force des choses. « C'est comme les mecs surdoués à l'école quoi. À la fois ils énervent, mais en même temps tu veux être pote avec », ajoute Sanfourche. Pour le député Sacha Houlié, « la particularité de Mbappé, c'est qu'il a en lui toutes les facettes de France 98. Zidane était le génial taiseux, Deschamps le meneur d'hommes, Thuram l'intellectuel, Blanc le complément de Deschamps en meneur d'hommes. Mbappé a réussi à incarner toutes ces facettes. C'est pour ça qu'il a une telle popularité. Je pense qu'il est aujourd'hui plus connu mondialement que Platini ne l'était à son époque, sans lui faire offense. » Difficile en définitive de désigner le GOAT[151] du football français. Quels critères retenir pour les départager ? Le palmarès ? La longévité au haut niveau ? « Le vrai chef-d'œuvre, c'est de durer », disait le chancelier Metternich. Les records ? Le nombre de buts ? L'empreinte laissée sur le football ? L'influence mondiale ? « C'est sans doute le meilleur de sa génération, et peut-être même le meilleur tout court. Chaque époque a ses héros. C'est aussi le fait qu'à chaque fois qu'il s'exprime, il m'impressionne. Et donc je pense que c'est aussi non seulement le meilleur, mais un joueur

151. Greatest of All Times.

qui s'inscrit dans son temps. Ce que je dis, c'est autres temps, autres mœurs. Avec les réseaux sociaux aujourd'hui, il y a une audience globale. Zizou, il faut ses deux buts en finale pour qu'il prenne une audience globale et change de dimension. Mbappé est plus précoce que Zidane et Platini, mais il est surtout dans un monde aujourd'hui où la notoriété, et c'est d'ailleurs le risque, se fait beaucoup plus rapidement. Platini avec Séville 82, l'Euro 84 est quand même une légende magnifique. Il y a une précocité du talent et des résultats qui fait la différence. Tu gagnes la Coupe du monde à moins de 20 ans… La capacité à crever l'écran est plus forte aujourd'hui. Mais je pense que sa capacité à avoir des avis, parler plusieurs langues, l'anglais, l'espagnol, ça fait une différence aussi », synthétise le ministre Roland Lescure.

La bataille est plus rude si l'on dépasse les frontières de l'Hexagone. Il est fort probable que lorsqu'on contera l'histoire de ce sport magnifique à nos enfants, on placera le Francilien très haut, très très haut, mais difficile encore de savoir où. Pelé, Cruyff, Maradona, Platini, Ronaldo, Zidane, Cristiano Ronaldo, Messi, Mbappé, Haaland. Pardonnez-nous si on en oublie. Mbappé aime les Ronaldo. Il a très tôt admiré Cristiano, voulu l'imiter étant gamin, jusqu'à le faire en partie, dans sa dimension athlétique, félin, clinique. L'autre Ronaldo, le « vrai » comme il est coutume de dire, est un autre modèle, même s'il le clame moins. « Je sais que Kylian admire Ronaldo Nazario da Lima. Et si vous pouvez trouver un joueur du passé ayant une quelconque ressemblance avec Kylian, le Ronaldo brésilien en fait partie. C'est dans cette capacité à accélérer, cette technique pour dribbler les adversaires et marquer », concède son ancien coach, Mauricio Pochettino. Ronaldo, c'est le Brésil qui gagne, deux fois champion du monde et une fois finaliste. Deux fois champion continental et une fois finaliste. Le meilleur attaquant de pointe de l'histoire du Brésil, et qu'aurait-il été sans ses graves blessures au genou… Mbappé incarne aussi la France qui gagne et, s'il est épargné par les pépins physiques durant sa carrière, il pourrait alors regarder le Brésilien de haut d'ici quelques années. C'est d'un autre Auriverde que Kylian est plus proche. De celui qui l'a vite adoubé, mais qu'il n'a pas encore égalé. Peut-être parce qu'il est inégalable. Il se nomme Edson Arantes do Nascimento mais on l'appelle Pelé. Ou plutôt le Roi, puisque si le football avait une couronne, elle logerait au Memorial Necrópole Ecumênica de Santos, cimetière où il repose depuis janvier 2023. En remportant trois Coupes du monde, dont une à 17 ans, encore plus tôt que Mbappé, Pelé est devenu pour une majorité le plus grand joueur de tous les temps. Cela n'empêche que, comme Mbappé, l'homme aux plus de mille buts n'a pas toujours fait l'unanimité et a aussi suscité l'agacement de son peuple. Une partie du Maracaña l'avait sifflé en 1970 et Pelé ne fut pas l'idole absolue du XXe siècle au Brésil qui lui préférait un gamin de São Paulo auquel il s'identifiait plus, Ayrton Senna, celui qui rendait fier un peuple seize week-ends par an, du fait de sa sensibilité – contre ce qui était considéré comme de la vanité et vénalité chez Pelé.

Hormis une pointe d'arrogance, il y a peu de choses qui unissent Mbappé et Cruyff. Les deux ont raté de peu un Ballon d'or qui leur était promis. Jopie en 1972, au profit de Beckenbauer, vainqueur de l'Euro avec la Mannschaft.

Mbappé en 2023, perdant malheureux de la finale du Mondial contre Messi. Les deux hommes sont devenus capitaine de leur sélection sensiblement au même âge. 24 ans pour Cruyff, 25 ans pour Mbappé. La comparaison s'arrête ici. Trois Ligues des champions pour l'Ajacide, aucune pour le Parisien. Déjà une Coupe du monde pour ce dernier, « seulement » une finale perdue pour le Hollandais. Cruyff était l'élégance, une œuvre d'art, le Alain Delon du ballon rond, ses posters tapissaient les murs des amateurs de foot à travers l'Europe. Son numéro, le 14, a été inventé pour lui et est devenu une marque reprise ensuite par les documentaires, magazines. Mbappé peut gagner un match à lui tout seul et c'est déjà énorme, il n'a pas le don de Cruyff de pouvoir changer la tactique de l'équipe en cours de rencontre pour la faire gagner, comme l'assurait son ex-partenaire Frank Rijkaard. L'aura de Cruyff est telle qu'il a atteint le cosmos en 2010 en voyant un astéroïde, situé entre Mars et Jupiter, porter son nom.

Si l'œuvre d'art est effectivement « l'expression extérieure d'une nécessité intérieure », comme le révélait le peintre Kandinsky, alors il nous faudrait creuser et creuser encore pour connaître le besoin de Diego Maradona d'avoir été si beau et si grand au point de devenir pour la grande histoire le Dieu du football, Pelé étant déjà le roi. Personne n'a jamais eu une relation aussi intime avec le ballon, faite de caresses et de tendresses, parce qu'il lui appartenait et c'est tant pis pour ses adversaires. Diego, c'est plus que les frappes, crochets, buts et titres. C'est l'ombre et la lumière. Naples et l'Argentine. Puisqu'il est une expérience religieuse, on lui pardonne tout, même les mauvaises attitudes, fréquentations douteuses, alcool, drogue et opinions polémiques. Maradona, c'est le plus beau but de l'histoire de la Coupe du monde, contre l'Angleterre peu de temps après la guerre des Malouines, et ça pourrait résumer l'homme. Et la réaction légendaire du commentateur argentin Víctor Hugo Morales. « Un génie, un génie, gooooaaal… Je veux pleurer ! Dieu saint, vive le football ! Diegooooaal ! Maradona, lors d'une action mémorable, la plus belle action de tous les temps… Un cerf-volant cosmique… De quelle planète viens-tu pour laisser sur ton chemin autant d'Anglais ?… Merci, Dieu, pour le football, pour Maradona, pour ces larmes[152]. »

« Beaucoup de vieux Argentins me disent que Messi est plus grand que Maradona, qu'il supplante tout. Or, pour moi c'était impossible. Maradona n'est pas le plus grand footballeur de tous les temps, mais le plus grand sportif de tous les temps. C'est la montée, la déchéance, le plus grand joueur de l'histoire, il y a tout chez Maradona, c'est incroyable », juge Dominique Séverac. À sa mort en novembre 2020, dans un communiqué, l'Élysée l'avait admis. « Diego Maradona est-il le plus grand joueur de football de tous les temps ? Les larmes de millions d'orphelins y répondent en ce jour par une évidence douloureuse. » Et la réponse de Mbappé, qui pendant de nombreux mois gardera une image du défunt en photo de profil sur Twitter, comme pour clore le débat et marquer son immense respect. Malgré sa maladresse sur le football sud-américain deux ans plus tard, les Argentins auraient pu, dû s'en rappeler.

152. Vincent Duluc, *Dictionnaire amoureux de la Coupe du monde*, *op. cit.*

Il conviendra de voir, avec les années et une approche temporelle différente, quelle place occupera Messi dans le trio qui le liera au Roi et à Dieu. Puisque Cristiano Ronaldo (5) et Messi (8) lui confisquent les Ballons d'or depuis quinze ans, et car ils ont été si forts et prégnants sur les triomphes de leur(s) club(s), il sera compliqué pour quiconque de les rattraper dans cette première moitié du siècle, au moins sur le plan mathématique. Mais Kylian n'est ni quiconque ni frileux quand il s'agit de se mesurer aux ténors. Messi, il l'a regardé droit dans les yeux le temps d'une finale de Mondial, et sans le bout du pied de Martinez, c'est le roi Pelé qui n'aurait eu qu'à bien se tenir dans ce panthéon des artistes. « Je mets Pelé en un, il m'a donné envie de jouer au football. Maradona en deux. C'était immense. À Naples, il n'était pas avec des grands autour de lui, il a révolutionné Naples. J'ai joué contre lui, je n'osais même pas le toucher. Cruyff aussi est en haut de l'affiche. En France, tu peux [...] mettre [Mbappé] dans les trois plus grands. Il est champion du monde en 2018 et marque les esprits en 2022. Au PSG, il est déjà parmi les plus grands, aux côtés de Raí, Sušić, Dahleb », confie Luis Fernandez, légende du club et des Bleus.

Il lui faut désormais raconter son histoire, écrire sa légende et celle-ci fonctionne souvent par paires, sur fond d'antinomie. Federer et Nadal, Coppi et Bartali, Pelé et Maradona, Achille et Hector, Senna et Prost. Mbappé et Haaland ? Ils incarnent le nouveau football, tous deux rapides et puissants, affolant les statistiques. Les deux ont leurs atouts. Haaland est un meilleur finisseur devant le but, évolue dans la meilleure équipe du monde, Manchester City, et demeure plus discret, effacé, et donc moins agaçant. Il est deuxième du Ballon d'or 2023 alors que la meilleure place du Parisien est troisième. Mais ce dernier est champion du monde, chose que ne sera jamais le Norvégien, car précisément Norvégien. Il est aussi plus esthétique, moins mécanique. « Haaland me fait un peu peur, il me fait penser au requin de James Bond. Je ne lui vois pas cette dimension artistique qu'a Mbappé », confie Yves Jaeglé. Le natif de Bondy exerce une influence en dehors du football sans équivalence avec le géant blond. Il lui faut à présent laisser le temps au temps, faire de celui-ci un allié. Et humaniser le mystère qui l'accompagne. Comme tous les grands, ses échecs ajouteront des cicatrices au récit qu'il écrit. Il doit accepter de ne pas tout maîtriser. « On ne lutte pas contre la force du destin », écrivait Eschyle.

15

Kylian, c'est Paris… 2024

Depuis toujours, Mbappé est au rendez-vous de son histoire. Présent au bon moment, dès le plus jeune âge. Repéré et détecté très tôt, champion de France encore mineur, sélectionné en Bleus sans passer par les Espoirs, champion du monde, homme clé du PSG… Kylian chevauche les étapes, il les enjambe. Programmé pour gagner, il a fixé des rendez-vous sportifs, les a honorés. L'apogée de ce que l'on pourrait qualifier de première partie de carrière devrait se tenir – et c'est tout un symbole – à Paris, pour les jeux Olympiques 2024. Paris, cœur du monde le temps d'un été. Paris, Ville Lumière où Mbappé est né et a réalisé en grande partie sa carrière professionnelle. Le plus grand événement jamais organisé en France selon le comité en charge, des milliards de téléspectateurs, davantage que pour la Coupe du monde, plus de 10 000 athlètes, une tradition millénaire qui a connu sa renaissance à Paris à la veille du XXe siècle, sous l'impulsion d'un Parisien, Pierre de Coubertin. Paris, enfin, cent ans après avoir déjà accueilli les Jeux, en 1924. Un siècle d'attente et un événement planétaire à ne rater sous aucun prétexte.

On ne connaît pas l'ensemble des clauses qui régiront le prochain contrat de Mbappé, au PSG ou ailleurs. Une chose est sûre, sa future écurie devra se montrer ouverte au sujet des Jeux parisiens. L'épreuve de foot n'étant pas considérée comme « date FIFA », les clubs sont donc dans leur droit de refuser à leurs joueurs d'y participer. Un cas de figure auquel il a déjà été confronté en 2021, mais désormais inconcevable pour le génie français, même si l'Euro qui se dispute également cet été s'achèvera dix jours avant le début des JO.

Depuis toujours, Mbappé rêve des Jeux. « En sixième, Mbappé avait participé à un voyage scolaire en Grèce avec vingt-six autres collégiens de l'Assomption Bondy. Des visites à Athènes, Delphes et Olympie figuraient au programme. Le stade des premières foulées de l'histoire humaine, il avait contemplé, émerveillé, de ses propres yeux[153]. » Cette fois, il les touche du doigt. À 25 ans, il devra faire partie des trois joueurs âgés de plus de 23 ans autorisés à être inscrits sur la liste officielle. Et c'est comme si la nomination de Thierry Henry à la tête des Espoirs et donc de l'équipe de France olympique avait été décidée pour lui. Un symbole supplémentaire. La France du foot les aime, elle qui a été deux fois championne du monde à vingt ans d'intervalle rêve d'en faire de même avec les JO, cette fois quarante ans après le sacre de 1984. Cette année-là, les Bleus de Platini remportaient l'Euro, ceux de Daniel Xuereb coachés par Henri Michel les jeux Olympiques de Los Angeles. La France des moustachus. Seul triomphe dans l'histoire de la compétition pour l'Hexagone. Depuis,

153. Fabien Baumann, *100 nuances de Mbappé*, Solar, 2022.

la bérézina. Seulement deux participations en quarante ans, et au mieux un quart de finale (1996). *No comment.* L'homme qui rêve de battre tous les records en a sûrement un en tête. Celui détenu par « Monsieur Xu[154] », meilleur buteur de l'histoire des Bleus aux Jeux avec cinq buts, lors du sacre de 1984. Un objectif tout à fait atteignable, lui qui en a inscrit huit au seul Mondial 2022, et un pas supplémentaire dans sa quête aux étoiles et l'écriture de sa légende. « C'est extraordinaire qu'il ait exprimé l'envie de jeux Olympiques. C'est l'antiblasé. Cette joie, cette fraîcheur d'être compétiteur, de gagner. Cette envie de porter le drapeau, j'adore », s'enthousiasme Amélie Oudéa-Castéra, avant d'ajouter dans le *JDD* : « J'en ai moi-même parlé récemment avec l'entourage de Kylian Mbappé. La décision interviendra en temps et en heure, en lien avec le club mais aussi avec le sélectionneur Thierry Henry. Si vous me demandez si je souhaite qu'il participe aux Jeux, je vous réponds "OUI" en lettres capitales. »

Michel Platini s'était heurté au stade des quarts de finale en 1976. Zizou n'a quant à lui jamais participé au tournoi. « Je trouve cela magnifique. Les JO, c'est encore autre chose. C'est tous les sports mélangés. Vivre une expérience comme ça, c'est magnifique. Pour avoir parlé avec ceux qui l'ont vécu, ceux de 1984, ils m'ont expliqué que c'est une expérience fabuleuse. J'aurais aimé y participer », regrettait-il en 2020.

C'est aussi et surtout hors terrain que sera scruté le rôle de Kylian dans ces JO parisiens. Il sera l'une des figures de proue de la délégation française et incontestablement la

154. Daniel Xuereb.

star numéro un. Le voir porte-drapeau de la nation serait toutefois une révolution. Dans l'histoire de l'olympisme moderne, jamais un footballeur tricolore en activité ne l'a été. C'est l'athlétisme qui remporte le plus souvent la mise avec dix nominations, devant l'escrime. La flamme olympique, allumée le 16 avril en Grèce pour arriver le 26 juillet dans la capitale, devrait voir le champion du monde prendre l'un des derniers relais, si ce n'est l'ultime. En 1992, à Albertville, le dernier porteur de la torche était alors triple Ballon d'or… un certain Michel Platini. Mbappé, son intelligence et sa culture ont tous ces éléments en tête. « C'est en regardant les jeux Olympiques de Londres en 2012 que j'ai pris conscience de l'importance de cette compétition planétaire. Les Jeux, c'est LA référence du sport, le Graal absolu que tous les sportifs et sportives du monde veulent disputer et vivre au moins une fois dans leur vie », avait confié le Parisien à *L'Équipe* en 2021. Une présence et un rôle qui font l'unanimité, « au nom de l'intérêt supérieur du pays », abonde le nouveau président de la 3F, Philippe Diallo.

La désignation de celui ou celle qui embrasera la vasque le vendredi 26 juillet 2024 a toujours revêtu une portée symbolique. En 1996, Mohamed Ali, le plus grand boxeur de l'histoire, en proie à Parkinson, était apparu tremblant, la flamme à la main, émouvant le monde entier. Quatre ans plus tard, à Sydney, l'Australie décidait de confier cette mission à une sportive d'origine aborigène, Cathy Freeman, signe d'un désir d'unité du peuple australien. En 2012, Londres avait décidé de faire honneur à une immense star, le Spice Boy David Beckham, ambassadeur de l'Union Jack dans le monde entier.

« À choisir entre : il porte la flamme, ou il marque les deux buts en finale, je prends l'option B. Ce serait un très beau porte-drapeau ou porte-flamme de la France que j'aime, que je désire. Une France ouverte, talentueuse, qui travaille, qui parle à tout le monde, issue des quartiers. C'est ma France idéale », estime le ministre Roland Lescure. Un an avant les Jeux, OpinionWay révélait que les Français plébiscitaient Teddy Riner en dernier porteur de la flamme, à 25 %. Mbappé arrivait en deuxième position mais loin derrière, à 11 %. Juste devant Martin Fourcade et Zinédine Zidane (10 %). Le secret sera gardé jusqu'au dernier moment, c'est la tradition. Le storytelling, lui, est en marche. Capitaine des Bleus, joueur du PSG, JO de Paris. Tout est écrit. C'était l'un des arguments du président de la République en 2022, lorsqu'il avait tenté de convaincre le joueur de rester en France. Paris veut des Jeux en grand et ils doivent passer par lui. Avec un titre, à la clé, après celui de champion du monde et d'Europe ? Avec un récit déjà en tête ? Les JO en guise d'adieu à Paris et la France ? Ou après une énième prolongation dans le club et la ville dont il a déjà écrit l'histoire ? « Il imagine l'histoire avant de l'écrire », confirme Grégory Schneider. Ça tombe bien, le joueur l'avoue lui-même : « Les Jeux à Paris, ça représente tellement pour moi. [...] Participer avec la France, ce serait une opportunité extraordinaire, un rêve. [...] Être porte-drapeau, ce serait vraiment extraordinaire[155]. »

S'il est différent et s'inscrit dans la dimension de cet

155. *Mbappé, l'autre but de sa vie*, « Envoyé spécial », 18 janvier 2024. https://www.france.tv/france-2/envoye-special/5654964-mbappe-l-autre-but-de-sa-vie.html

événement, c'est parce qu'il pense la chose sportive de manière globale. Après le Mondial qatarien, pas question pour lui de profiter de vacances à Dubaï au bord d'une piscine. Sa première destination ? Les États-Unis… Là où se tiendra la prochaine Coupe du monde. Ovationné par le public en marge d'une rencontre de NBA, le Bondynois a un coup d'avance. Toujours. « Il veut être le premier. Le football a une importance de plus en plus haute là-bas. C'est une réflexion permanente. Pour la France, avoir Mbappé dans le pays au moment des JO, c'est une façon globale de rayonner dans le monde entier », ajoute Philippe Sanfourche, qui suit le phénomène depuis ses débuts. La réussite de nos Jeux dépendra certes de l'organisation générale de l'événement, mais les sportifs et leurs performances seront également prépondérants. À commencer par les têtes de gondoles parmi lesquelles figurent Mbappé. Constat partagé par Bruno Jeudy, directeur délégué de *La Tribune Dimanche* : « Ils vont beaucoup communiquer sur Teddy Riner et Mbappé. On le voit bien. Ce sont les deux personnalités qui se démarquent. Les JO de 2024 sont la dernière chance pour la France de montrer qu'elle ne décroche pas. Elle va jouer sa présence dans le club des pays influents. Il y a cet enjeu extérieur, et il y a un enjeu intérieur qui est d'essayer de remettre un peu de solidarité, d'union dans le pays et ça va passer notamment par l'image des sportifs. Si Mbappé les joue, s'il porte la flamme, ça aura un impact. Le contexte des Jeux est déterminant pour la nation. Aujourd'hui les Jeux restent populaires dans l'opinion, mais ça peut dégringoler du jour au lendemain, donc c'est une patinoire. Le moindre détail peut agacer les gens, il y a un potentiel de réussite très fort mais aussi de grand fiasco. Je pense que l'image des sportifs et tous ceux qui vont pouvoir contribuer à positiver l'avant-JO, ça va compter. Ensuite, s'il y a des médailles, si les succès s'enchaînent, les gens vont positiver, ils vont vite oublier les tracas du quotidien pour les Parisiens. Pareil concernant les polémiques sur l'argent, parce que ça va coûter plus cher, etc. » Avec Mbappé, plus de chance de triompher et faire oublier l'échec cuisant de Tokyo[156]. CQFD.

À Paris, Kylian ne sera pas la seule arme tricolore ni l'unique étoile. Antoine Dupont qui prépare l'événement avec l'équipe de France de rugby à sept sera scruté de près. Il est l'un des meilleurs joueurs de rugby au monde et a vu sa cote de popularité exploser aux yeux du grand public depuis la Coupe du monde en France. La pépite déjà grandiose qu'est Léon Marchand n'est pas qu'une immense opportunité de médailles en natation. Elle est la révélation sportive tricolore de l'année 2023. En battant les records de la légende Michael Phelps[157], le Toulousain a tout pour faire de son nom un géant de sa discipline et rendre fier son pays, douze ans après la génération dorée emmenée par Camille Muffat, Yannick Agnel ou encore Florent Manaudou. Enfin, Wemby. Comprenez Victor Wembanyama : 20 ans seulement, et déjà le potentiel le plus attendu du basket mondial depuis LeBron James.

156. Les Bleus avaient été éliminés dès le premier tour.
157. En battant le record 400 yards quatre nages du Championnat universitaire américain (NCAA) en janvier dernier, Léon Marchand est devenu le premier nageur français à détenir simultanément les records du 200 et du 400 yards quatre nages depuis Michael Phelps en 2006.

Plus de 2,20 mètres de hauteur et le premier Français à être appelé en numéro un de la draft NBA en juin 2023, par San Antonio. Les fans de basket n'ont d'yeux que pour lui et l'Amérique est impressionnée. « L'histoire commence maintenant », avait même tweeté Mbappé quand les Spurs l'avaient sélectionné en pole position. La France est un coffre plein de trésors. Kylian en fait partie, mais ce n'est pas le seul. L'histoire individuelle s'inscrit au cœur de l'histoire collective. Avec l'objectif, bien entendu, d'égaler ses illustres aînés que sont Neymar, vainqueur en 2016, Messi en 2008 ou encore son actuel entraîneur au PSG, Luis Enrique, en 1992. La quête des anneaux est la prochaine étape dans sa conquête des étoiles.

Épilogue

Et après ? Kylian Président ?

Nous venons de vous raconter une partie de l'histoire du phénomène. Une histoire déjà conséquente. Celle d'une révolution qu'il a écrite jusqu'à son quart de siècle, sur et en dehors du rectangle vert. Quelle sera la grande Histoire qu'il nous laissera, celle avec un H majuscule ? Celle que l'on racontera comme on narre aujourd'hui les exploits de Platoche et les coups de tête de Zizou. Le temps viendra alors de savoir s'il a rejoint la caste des Grands Hommes.

Parlera-t-on d'un roi, d'un dieu, de mélancolie ? Sera-t-il question d'un monstre froid, de romantisme ou d'une machine ? De regrets, d'exception ou encore d'immensité ? Donnons-nous rendez-vous dans dix ans pour y répondre. Puis dans dix autres années encore. Puisque l'appétit de Kyks semble infini, il faut lui laisser du temps.

Avec ce livre, nous vous avons proposé un instantané de Kylian Mbappé, une photographie détaillée. Pour autant, il n'est pas question de s'arrêter là. Avant de connaître le film entier, nous avons envie d'envisager son futur proche. La suite qu'il souhaite donner à son incroyable destinée.

Il y a d'abord son choix de carrière. Ce sera le prochain jalon de son destin de footballeur. Sera-t-il décisif dans la trace qu'il laissera ? En tout cas, il comptera. D'après Luis Fernandez, « s'il reste, il se doit d'être très bon, à la hauteur de son talent. Si ça se passe mal et qu'il s'en va ensuite, les gens vont être mécontents. Dans le cas contraire, il pourra partir la tête haute. Les supporters verront qu'il est resté sept ans, qu'il était à fond, qu'il a gagné la Coupe du monde et éventuellement la Ligue des champions avec le PSG[158]. » Les journalistes et observateurs que nous avons rencontrés sont presque unanimes. Ils plaident pour un départ du club de la capitale. Les projecteurs, comme chaque été, vont forcément se braquer sur Madrid et sa Maison Blanche. Ce rêve d'enfance que Kyks finira certainement un jour par réaliser.

Le risque qu'il prendrait en y allant, n'est pas si grand. Il y a peu de chance, voire aucune, qu'il y échoue comme Eden Hazard. Question de caractère, de personnalité. Promis un temps à la succession de Cristiano Ronaldo, la star du football belge est passée complètement à côté de son aventure madrilène. Un autre risque est à considérer. Mbappé a été pour l'heure épargné par les blessures. Elles pourraient être, un jour, le seul facteur capable de freiner sa progression, d'entraver ses rêves de grandeur. La question de son adaptation à un contexte plus concurrentiel est aussi à envisager. « S'il part, il aura des joueurs autour de lui qui seront aussi des stars, qui étaient là avant lui, et avec lesquels il devra composer. Avec une histoire collective dans un club qui a déjà remporté plusieurs fois la Ligue des

158. Entretien réalisé fin 2023.

champions. Il sera obligé de se plier à certaines choses. S'il a le bon état d'esprit, il pourra franchir un cap », décrypte Yacine Hamened. La question mérite d'être posée. Sortir du PSG et de sa « zone de confort » est une mise en danger. Elle est risquée mais nécessaire. « Il faut savoir quitter les choses avant qu'elles ne vous quittent », affirmait le général de Gaulle. Nul doute qu'à Madrid ou ailleurs, il ne perdra rien de son côté *bankable*, de son franc-parler. Il parle déjà l'anglais et maîtrise l'espagnol suffisamment bien pour continuer à régaler les médias du monde entier. Il pourrait incarner une sorte de nouveau Johan Cruyff, de *fuoriclasse* au tempérament voyageur. À l'âge de 26 ans, le Batave avait quitté l'Ajax pour le Barça, avant de poursuivre son aventure à Feyenoord après être passé par Los Angeles, Washington ou encore Levante. À moins qu'il ne privilégie une histoire à la Totti, le joueur éternel de l'AS Rome. Il pourrait ambitionner de devenir au PSG le pendant de Gerrard avec Liverpool, de Sergio Ramos avec le Real. Rester fidèle au PSG aurait du panache. Kylian ressusciterait un football de fidélité et d'allégeance, avec lequel il viendrait miraculeusement renouer à rebours des évolutions actuelles.

En signant au PSG, il avait déclaré ceci : « C'est important de ne pas quitter la France après six mois de haut niveau. C'est important aussi de rentrer chez moi, dans la ville où je suis né et où j'ai grandi. » Ses derniers mots feront-ils écho aux premiers ? Sa fin de carrière ne devrait toutefois pas échapper au rêve américain. Lui, l'Américain du sport tricolore[159] aurait toutes les

159. Cf. chapitre 8 : « *Make Kylian great again* – Le Français du XXIe siècle est un Américain ».

raisons d'y aller pour une fin de carrière. Il pourrait alors être ce dieu descendu de l'Olympe outre-Atlantique. Et suivre les traces en MLS de David Beckham et de Lionel Messi.

On l'a vu, Kylian Mbappé est un footballeur engagé. Il devrait avoir de nombreuses occasions de le prouver ces prochaines années. Toutes les enquêtes le démontrent, notre société est plus fracturée que jamais. L'inquiétude, le mécontentement, la colère grimpent et ce sont les extrêmes qui en profitent. 2027 est déjà dans toutes les têtes. Elle pourrait être un tournant pour la France, l'Europe et le monde. Nul doute que le Bondynois se positionnera. A minima ou davantage. On verra. Ce sera à lui d'en décider. En tout cas, il ne sera pas comme Zidane. Il fera autrement au vu de son ancrage parmi les personnalités publiques, de son tempérament et de ses convictions. Pour l'éditorialiste Bruno Jeudy, « il ne restera pas inerte au fur et à mesure qu'on va s'approcher de 2027 et qu'on va sortir de l'ère Macron. Je ne le vois pas rester neutre face à l'extrême droite. Selon moi, Mbappé sera dans ce débat public. Peut-être même que ça le dépassera. Ce sera un moment de grande inquiétude, peut-être de grande fracture nationale. Fracture nationale, fracture politique... On a déjà la fracture territoriale, on a déjà la fracture sociale, et là on sera dans une facture du pays. Dans ce moment, il y aura très peu de figures qui peuvent réunir un peu tous les Français. » Le directeur général de l'institut de sondage l'Ifop, Frédéric Dabi, ne dit pas autre chose : « Il a une influence médiatique avec une dimension politique. Si, en 2027, il dit : "Je refuse de voir mon pays aux mains de Le Pen", imaginez le bruit que ça fera.

Beaucoup plus que Noah qui avait dit “Si Sarkozy passe, je me casse”, et finalement rien. »

Son rôle pourrait être encore plus important, en appelant notamment la jeunesse à aller voter, en rappelant le droit précieux qu'est celui du vote. Quid de sa réaction à lui, le capitaine des Bleus, si Marine Le Pen était élue présidente de la République ? « Comment ferait-il en cas de visite à Clairefontaine, pour présenter l'effectif à la Présidente ? Le ferait-il ou pas ? Il ne supporterait pas que le pays soit aux mains de l'extrême droite. Resterait-il en France ? Ce sont des questions intéressantes », s'interroge Dominique Séverac, le journaliste du *Parisien*. Réponse d'ici peu.

Viendra ensuite la question de l'après. Footballeur n'est qu'un métier, une partie de sa vie. Sa réputation devra être préservée puisqu'il vise toujours plus haut, toujours plus grand. « Pour l'âme endeuillée d'un jeune homme, le football est le grand remède », écrivait le poète anglais Alfred Edward Housman. Que fera-t-il une fois qu'il en sera libéré ? Il restera probablement dans l'univers du ballon rond. Entraîneur ? Il a toujours revendiqué vouloir un jour s'asseoir sur un banc, mais comme nous l'explique Chérif Ghemmour, « le drame des super joueurs, pour qui tout est “évident”, se trouve souvent dans leur incapacité à se mettre au niveau forcément moins élevé de leurs joueurs une fois qu'ils sont devenus coachs ». À lui de voir s'il sera plus proche des débuts compliqués de Thierry Henry ou s'il aura la patience d'apprendre de Zidane. Kyks a plutôt vocation à dépasser la fonction. Il n'est pas homme à aimer se faire virer ou à être dirigé. Il visera et pourra prétendre à davantage. Il est en cela plus Platini que Zidane. Le pouvoir ne lui fait pas peur. Au contraire, il en redemande. Son ambition le poussera peut-être à imiter Tony Parker, actionnaire majoritaire du club français de l'ASVEL Lyon-Villeurbanne, ou David Beckham, fondateur et propriétaire de l'Inter Miami en MLS. Il y aurait une forme de cohérence avec son côté libéral, sa dimension globale et son désir de faire et d'agir, pour ne jamais s'ennuyer. Le mouvement permanent, en somme, pour faire le deuil de sa vie d'avant.

Une habile transition entre le monde du sport et de la politique est aussi possible, note Bruno Jeudy. « Aujourd'hui, les organisations internationales sportives offrent des postes de pouvoir et d'influence. Peut-être même plus importants que d'être ministre des Sports. C'est quelqu'un qui a déclaré qu'il adorait le sport, qu'il s'intéressait aussi aux autres sports, on le voit assister à d'autres événements sportifs que des événements purement footballistiques… donc je le vois plutôt dans des instances internationales de sport dont on sait qu'elles ont un rôle politique très important. » Faire de la politique, sans être un politique. Ce pourrait être son destin et un bon compromis pour celui qui aime se positionner, sans pour autant « exprimer un questionnement politique[160] », selon Pierre Lefébure, le spécialiste de communication politique de l'université Sorbonne-Paris-Nord. Pas de dépassement de fonction pour la star, contrairement à ce qu'avait pu incarner par le passé Sócrates, « le Docteur ». Le Brésilien, médecin et international dans les années 1980, avait œuvré en faveur de la démocratie et enjoint ses collègues footballeurs à se saisir des questions politiques. Il a été l'un des hommes à l'origine de la « démocratie corinthiane »,

160. https://www.arabnews.fr/node/399321/france

dans un Brésil en pleine dictature militaire (1964-1985). S'il ne dit pas formellement non[161] à l'hypothèse un jour de faire de la politique, Kylian en est encore très loin. Autre temps, autres mœurs.

Son perfectionnisme et sa volonté permanente de tout contrôler généreraient chez lui une trop grande frustration. Dans cet univers si particulier, il lui faudrait l'accepter. Dans ses prises de position, Mbappé exprime aussi des convictions, mais il vise aujourd'hui une forme de consensualité. Gaspard Gantzer, ex-conseiller en communication de l'Élysée, doute d'un engagement partisan. « Je ne pense pas qu'il fera un jour de la politique. Il est trop intelligent pour cela. Aujourd'hui, la fonction politique est très largement dévalorisée. Et je ne le lui souhaite pas car il perdrait son côté consensuel, rassembleur et désintéressé qui est indispensable pour être populaire sur le long terme. » Un destin à la George Weah est-il inenvisageable dans le paysage français ? Non, nous confie le député macroniste Sacha Houlié : « Tout le monde parle de 2027 en se demandant qui ira. Moi, ça fait un petit moment que je dis qu'en 2027 une personnalité va émerger hors personnel politique. Certains parlent de Thomas Pesquet… Je faisais un jeu avec des amis : "Qui pour vous est le Français de tous les temps, hors politique, qui incarne le mieux les Français de 7 à 77 ans ?" Dans ma génération, on est nombreux à dire Zidane. Ça paraît étrange aujourd'hui, mais pas non plus incongru que Zidane puisse

161. Dans *L'Obs* en 2021.
https://www.nouvelobs.com/sport/20210602.OBS44795/exclusif-kylian-mbappe-se-confie-a-l-obs-je-connais-le-poids-de-mes-mots-et-de-mes-actes.html

devenir un jour président de la République. Mbappé, ce sera peut-être un jour une possibilité. C'est ce qu'on a vu pour Weah, Zelensky, ou dans un autre registre Bolsonaro ou Trump... Des personnalités de la société civile viennent en politique avec une notoriété énorme et font exploser le système. En France, nous, on en est capables, on l'a vu avec Emmanuel Macron. Un phénomène de peopolisation de la politique pourrait totalement se reproduire demain. Ce n'est pas interdit qu'un jour on ait un sportif qui vienne à ce niveau de responsabilité. » Ça pourrait être Mbappé.

Une carrière sportive peut aussi être un atout, dans ce monde si particulier qu'est la politique. Troisième ligne au Stade Français durant dix-sept ans, Pierre Rabadan est aujourd'hui adjoint à la Mairie de Paris en charge du sport, des jeux Olympiques et paralympiques et de la Seine. Il nous confie que son passé de sportif de haut niveau lui a facilité la tâche. Que ce soit dans l'appréhension de différentes situations, le relationnel ou l'habitude d'évoluer sous une pression récurrente. En politique, Mbappé ne serait pas dépaysé. Son passé peut même constituer une force. « Si un garçon comme lui doit un jour prendre la parole en public, répondre à des critiques, il aura vécu cette situation cent cinquante fois, il saura faire et ne dénaturera pas le fondement de sa pensée, il saura transmettre ce qu'il a à dire. » Être un leader, devenir un homme d'État, ça se construit. C'est l'aboutissement d'un long chemin toujours semé d'embûches. Une construction dans l'épreuve, une affirmation dans la durée. « Ce que le public te reproche, cultive-le : c'est toi », disait le poète Jean Cocteau.

On ne sait pas de quoi l'avenir de Kylian Mbappé sera fait. Pour sa mère, Fayza Lamari, l'important c'est « l'homme qu'il deviendra[162] ». Il est aujourd'hui l'un des plus forts, peut-être le plus doué de sa génération. Mais ce ne sont pas ses buts et ses trophées qui forgeront sa postérité. C'est plus que ça. Ses aspérités vont compter tout comme ses défaites. Sa légende sera édifiée autrement. Ses failles, son parcours et sa fin auront leur part. Kylian connaît son histoire. Il ignore sans doute, pour l'heure, sa vérité.

162. *Mbappé, l'autre but de sa vie*, « Envoyé spécial », 18 janvier 2024.

Remerciements

À nos familles et à nos proches, en France et ailleurs en Europe, de Londres à Berlin en passant par l'Italie et l'Autriche.

À Elsa et Michel Lafon, Maïté Ferracci-Buffière et Emma Kobo pour leur confiance et leur accompagnement.

À Jules Quitté pour ses précieux conseils.

À Luis Fernandez, Javier Pastore pour leur fidélité et leur disponibilité.

À Bruno Jeudy, Grégory Schneider, Philippe Auclair, Dominique Séverac, Philippe Sanfourche, Stéphane Tortora, Didier Roustan, Yacine Hamened, Fred Hermel, Vincent Chaudel, Yves Jaeglé, Thibaud Leplat, François da Rocha Carneiro, Hugo Billard, Chérif Ghemmour, Guillaume Dietsch, David Gluzman, Abdellah Boulma pour leurs analyses.

À Frédéric Dabi, Gaspard Gantzer et Jérôme Fourquet pour leur expertise.

À Patrick Bayeux, Patrick Roux, François Bellanger et tous ceux qui nous ont poussés à être meilleurs.

À Roland Lescure, Amélie Oudéa-Castéra, Sacha Houlié, Pierre Rabadan pour leur précieux regard.

À Pascal Ferré, Julien Maynard, Michelle Gilbert pour leur disponibilité.

À Jean-Pierre Elkabbach pour son soutien.

Table des matières

Mise en pages
PRESS·PROD

Imprimé en France par
CPI Brodard & Taupin
en février 2024

Dépôt légal : mars 2024
N° d'impression : 3055931
ISBN : 978-2-7499-5632-9
LAF : 3445